DIGITAL FORENSIC PRACTICE

디지털
포렌식
실 무

김용호

박영사

"본 교재는 과학기술정보통신부 및 정보통신기획평가원에서 주관하여 진행한 결과물입니다. (2019-0-01817)"

머리말

    '과연 교재를 통하여 실무를 이해할 수 있을까?' 걱정하며 학생들의 시선에 초점을 두었다.

    처음 디지털 포렌식을 통하여 증거를 수집하고 이를 법정에 제출하면서 누군가에게 설명해야 했던 그때의 심정을 담아 교재를 출간하게 되었다.

    부족한 저를 위하여 항상 격려와 조언을 아끼지 않는 이경현 교수님, 물심양면 저를 도와주시며 믿어주시는 문미경 단장님, 조대수 처장님 그리고 동서대학교 SW중심대학 사업단 교수님들에게 감사 인사를 드립니다.

    아울러 박영사 안종만 회장님, 안상준 대표님과 정성혁 대리께 감사 인사드립니다.

    마지막으로 '知天命'의 나이에 접어들었으나 아직 '하늘을 뜻'을 알지 못하는 자식을 걱정해주시는 어머니, 사랑하고 감사합니다.

2020. 가을

김용호

차 례

Chap. 3 디지털 정보의 기본 조건 ₂₁

Chap. 4 디지털 포렌식 대상 ₂₈

PART 2

파일 시스템 분석

Chap. 5 파일 복구 109

PART 3
디지털 포렌식 실무

PART 1

디지털 포렌식 개론

Chap. 1
디지털 포렌식

1. 디지털 포렌식의 정의

　디지털 포렌식(Digital Forensic)의 설명에 앞서 '포렌식(Forensic)'이라는 단어의 뜻은 '법의학', '법정에 관한' 등의 뜻으로 해석한다.

　수사 실무에서는 범죄 수사를 위한 '감식(鑑識)', '과학수사' 등의 업무를 포괄적으로 포렌식이라 말하고 있다.

　흔히, '과학수사'하면 인기 있는 미국 드라마 'CSI'가 생각날 것이다. 범죄 수사를 위하여 과학 장비와 첨단 과학 기술이 어우러져 범인을 찾아가는 과정을 순차적으로 잘 표현해주고 있는데 드라마에서 수사관 또는 분석관들은 범인의 범행 과정을 마치 직접 보고 있는 것처럼 과학적으로 입증하여 범행의 증거로 채택되는 과정을 표현하고 있다.

　이러한 '법과학(法科學)'을 'Forensic' 또는 'Forensic Science'라고

한다.

예를 들어 살인 사건의 현장에서 수사관은 혈흔이 묻은 칼을 찾아 감정을 의뢰하였고, 분석결과 칼에 묻은 혈흔과 피해자의 혈흔이 일치하며, 복부의 상처와 칼의 길이 넓이가 같으며, 칼 손잡이에 묻은 지문과 피부조직의 DNA는 피의자의 것과 일치한다는 감정 결과를 국과수로부터 받았다.

감정을 보냈던 그 칼은 범행에 사용되어 살인의 용도로 사용한 것이기 때문에 '증거'로 법정에 제출하게 된다. 이후 재판의 과정에서 판사는 유죄 확정에 감정 결과를 상당 부분 인용하게 될 것이다. 수사관이나 검사, 판사는 현장에서 직접 범행을 보지 않았지만, 과학적 입증에 따라 피고인이 칼로 피해자를 살해한 것으로 판단하는 것은 'Forensic'을 통해 확보한 칼과 그 칼의 감정 결과일 것이고 이러한 업무가 과학수사, 즉 'Forensic'이다.

그렇다면 우리가 공부하려는 'Digital Forensic'은 무엇일까?

범죄현장에서 발견한 각종 유체물을 수집하고 분석하는 것이 앞서 설명한 'Forensic'이라면 범죄현장에서 발견한 디지털 기기에 저장되거나 전송 중인 육안으로 확인할 수 없는 무체물인 데이터를 수집, 분석하는 것을 'Digital Forensic'이라 설명할 수 있다.

2. 디지털 포렌식의 이해

현대사회는 디지털 기기와 함께 일상을 시작하고 마무리한다. 스마트폰 알람으로 일어나 일기예보를 확인하고 하루의 일상을 점검한다. 그리고 스마트폰과 연동된 교통카드로 버스요금을 지급하고 지하철을 갈아탄다. 업무가 시작되기 전에 벌써 우리는 스마트폰 또는 스마트 기기와 함께 하고 있다.

우리 일상의 하나가 되어버린 디지털 기기는 사용자 개인의 정보를 모두 보관하고 있다. 일정, 통화, 문자, 이메일, 은행 계좌 정보, GPS를 통한 위치 정보 등이 스마트폰에 저장되기 때문에 만약 스마트폰을 분실하게 된다면 개인의 정보가 그대로 노출될 수 있다는 것이다.

범죄 역시 기존 전통범죄에 컴퓨터, 디지털 기기가 결합하여 발생하고 있다. 예를 들어 전통의 범죄인 '사기'의 경우 인터넷이나 디지털 기기를 이용하여 '전자상거래 사기', '전화 금융사기' 등 신종 범죄가 발생하고 있다.

이때, 디지털 기기 또는 저장 매체에 남아 있는 디지털 데이터를 조사하고 사건을 규명하는 법과학의 한 분야를 '디지털 포렌식(Digital Forensic)'이라 한다.

디지털 포렌식은 해킹 등과 같은 침해사고를 조사하는 과정에서 시작되었으며 이 때문에 처음에는 '컴퓨터 포렌식(Computer Forensic)'이라고 부르기도 하였으나 1991년 미국 포틀랜드에서 열렸던 '국제컴퓨터전문가협회(IACIS : International Association of Computer Investigative Specialists)'에서 처음으로 디지털 포렌식이라는 용어를 사용하였다.

디지털 포렌식을 간단히 정의하면 "디지털 기기를 매개로 이루어지는 범죄에 대한 법적 증거자료 확보를 위해 저장 매체와 네트워크상의 자료를 수집, 분석 및 보존하여 법정 증거물로써 제출할 수 있도록 하는 일련의 절차와 행위"라고 할 수 있다.

디지털 포렌식은 분석의 목적에 따라 일반적으로 크게 2가지로 분류하고 있다.

가. 침해사고 대응 포렌식(Incident response forensics)

해킹이나 악성코드 등에 의한 침해사고가 발생했을 때 시스템의

로그 기록, 백도어 침입 흔적, 루트킷 등을 조사하여 침입 경로와 피해 상황, 침입자의 신원 등을 파악하기 위한 목적,

나. 정보 추출 포렌식(Information extraction forensics)

범죄에 사용된 증거를 확보하기 위하여 디지털 저장 매체에 기록되어 있는 데이터를 검색하여 찾아내거나 삭제된 데이터를 찾아 복구하여 증거로 확보하는 것을 목적으로 한다.

Chap. 2
디지털 정보의 이해

1. 디지털 정보의 개념

가. 디지털 정보의 정의

디지털 정보란 전자적 방식으로 처리되어 특수한 부호 또는 문자, 소리, 영상 등으로 표현되는 모든 종류의 정보, 자료를 의미한다. 흔히 볼 수 있는 컴퓨터에서 정보처리 시스템을 통해 만들어지거나 전송되는 전자적 데이터의 형식으로 만들어지는 것을 '디지털 정보', '전자기록'이라고 표현하고 있다.

디지털 정보가 만들어지는 과정은 일반적으로 다음과 같다.

키보드 혹은 마우스, 스캐너 등 입력 장치를 이용하여 컴퓨터 모니터를 보고 해당 정보를 입력하면 이 내용은 보조 기억 장치인 메모리에 잠시 저장되면서 CPU라 불리는 중앙 처리 장치에 통해서 컴퓨터가 처리할 수 있는 2진수 형태로 변환된다. 이후 HDD, 즉 하드디스크에 전자기록 매체로 저장된다. 그리고 해당 디지털 정보를 확인하기 위해서 모니터 또는 프린터를 통해 종이로 출력하여 확인할 수 있다.

또는 저장된 디지털 정보를 네트워크를 통해 다른 사용자에게 전송할 수 있다.

따라서, 디지털 포렌식을 통해 확인할 수 있는 디지털 정보를 자세히 나열하면,

RAM,[1] ROM[2] 등 기억장치에 보관 중인 디지털 정보, CPU(중앙 처리 장치)에서 계산 중인 디지털 정보, HDD, SSD, USB 메모리 등 전자기록 매체에 저장 중인 디지털 정보, 네트워크를 이용하여 전송 중인 디지털 정보, 프린터를 통하여 종이에 출력된 디지털 정보 등 다양한 형태로 디지털 정보는 존재한다.

하지만, 우리 형사소송법에서는 '전자기록 매체'에 저장 중인 것을 '디지털 정보', '전자정보' 등으로 표현하고 있다.

나. 디지털 정보와 유사한 개념 구분

1) 전자문서

문서란 문자나 기호 등으로 일정한 의사나 관념 또는 사상을 나타내는 것으로 넓은 의미에서 그림, 사진, 영상 등도 의미를 내포하기 때문에 문서의 일종이라 한다.[3]

따라서, 사람의 눈으로 볼 수 없는 형태의 음성 또는 영상정보는 문서 또는 모니터, 스피커 등을 통하여 출력되어야 하고 만약 출력되지

---

1) Random Access Memory
2) Read Only Memory
3) 나무위키 검색

않고 디지털 데이터 형태로 보관 중이라면 전자적 기록물에 해당할 뿐 전자문서라 볼 수 없다.

「민사소송 등에서의 전자문서 이용 등에 관한 법률」에서는 형사소송을 제외한 각종 소송의 재판절차에서 전자문서를 이용할 수 있다고 한다. 같은 법 제2조 제1호에서 "'전자문서'란 컴퓨터 등 정보 처리능력을 가진 장치 때문에 전자적인 형태로 작성되거나 변환되어 송신·수신 또는 저장되는 정보를 말한다."라고 규정하고 있는데 여기서 의미하는 전자문서는 일반적인 문서와 같은 형태의 표준화를 요구하지 않고 문자·기호뿐 아니라 이미지나 동영상 파일까지 포함하고 있다.

이처럼 '전자문서'가 전자정보와 같은 의미로 사용되는 이유는 과거 '종이 문서'가 작성되고 보관되어 지면서 재판에서 중요한 증거로 사용되는 경우가 많았다. 지금은 과학의 비약적 발전으로 말미암아 '문서'는 디지털 정보 형태로 보관되며 음성, 사진, 동영상 등과 같이 전자적 형태로 생성·보관되고 있다.

따라서, 정보의 내용이 증거로 활용될 가능성이 크기 때문에 이전의 '종이 문서'와 같이 본다.

2) 디지털 증거

'디지털 형태로 저장되거나 전송 중인 가치 있는 데이터', '범죄의 증거로 사용하거나 범죄자와 피해자가 연결되는 매개로 존재하는 디지털 데이터', '범죄가 발생하게 된 일련의 과정을 증명하거나 혹은 반대로 범죄와 무관함을 주장하며 반박할 수 있는 모든 디지털 데이터로 컴퓨터에 저장되어 있거나 전송 중인 데이터' 등으로 정의할 수 있다.

위 정의 내용과 같이 디지털 증거의 실질적인 의미는 디지털 정보와 별 차이가 없다.

3) 전자적으로 저장된 정보(Electronically Stored Information)[4)]

전자적으로 저장된 정보는 미국 '연방민사소송규칙(Federal Rules of Civil Procedure)'의 목적에 따라 컴퓨터 하드웨어 또는 소프트웨어에 사용해야 하는 디지털 형식으로 생성·조작·전달·저장 및 가장 잘 활용되는 정보이며, 컴퓨터 또는 컴퓨터 형태의 기타 디바이스를 통해 생성되고 또한 검색 가능한 형태로 저장되는 자료를 말한다.

2. 디지털 정보의 특성

디지털 정보는 형태를 가지고 있는 유체물인 전통적인 증거와는 확연히 다른 특성이 있다. 컴퓨터, USB 메모리, 스마트폰 등 전자기기 또는 저장 매체에 저장되어 있거나 네트워크를 이용하여 전송 중인 상태에 있을 수 있다.

디지털 정보는 기존의 유체물 증거와 전혀 다른 전자정보 형태의 무체물로 존재하기 때문에 특별한 성질을 가지고 있다.

전자정보는 매체와 독립되어 유동적인 상태로 언제든지 그 변경이 가능하며 변경된 매체마다 각각의 흔적을 남긴다.

또한, 전자정보는 일정한 공간에 대용량의 데이터를 저장할 수 있으며 간단한 명령어로 삭제하거나 다시 원본과 같이 복구할 수도 있다.

이러한 특성으로 인하여 기존의 유체물 증거와 같은 지위의 증거로 인정받기 위해서는 디지털 증거를 어떻게 수집하였고 어떤 방법을 사용하여 증거조사 했는지 등을 법정에서 입증해야만 증거로 사용될 증거능력을 가질 수 있다. 우리는 디지털 증거, 전자정보가 가지는 특

---

4) Wikipedia 검색

별한 성질에 대해서 완벽히 이해하여야 할 것이다.

가. 매체 독립성

디지털 정보는 아날로그 증거처럼 어떤 형태를 가지는 '유체물'이 아니다. 디지털 정보 자체가 형태를 가지지 않고 있으며 우리는 단지 그 디지털 정보를 보관하는 용기(容器)를 맨눈으로 확인할 뿐이다. 만약 그 용기 안에 보관 중인 정보를 확인하기 위해서는 '출력'이라는 별도의 작용을 가해야 한다.

용기 안에 보관 중인 무형의 디지털 정보는 내용의 변경 없이 다른 매체로 복사되어 저장될 수 있고 네트워크를 통하여 전송될 수 있다.

이처럼 디지털 정보는 매체로부터 독립된 존재라고 하여 매체 독립성을 가진다고 한다.

또한, 디지털 정보가 같은 전자적 가치를 가진다면 원본과 사본의 구별은 불가능하다.

나. 비가시성·비가독성(매체의존성)

디지털 정보는 이진수의 신호 체계로 작성되어 보관되기 때문에 그 형상이나 존재를 사람의 맨눈으로 인식할 수 없다. 이를 보기 위해서는 컴퓨터 모니터나 프린트를 이용하여 종이 출력하여 확인할 수 있다. 이처럼 디지털 정보를 증거로 활용하기 위해서는 반드시 일정한 작용이 개입되어, 변화의 과정을 거쳐야 한다.

우리 형사소송법에서는 직접 육안 확인이 불가능하다는 점에서 디지털 정보를 문서의 범주에 포함해야 하는지 문제가 제기되고 있다. 하지만, 물리적 인식이 가능해야만 이를 문서에 포함하는 것은 아니다. 따라서, 컴퓨터 등을 사용하여 출력하는 행위와 종이로 출력하는 것은 증거조사의 방법이 다를 뿐이다.

이런 변환절차를 거치는 과정에는 여러 소프트웨어와 장치가 개입되기 때문에 디지털 정보 자체와 출력된 자료와의 동일성 여부가 논란이 될 여지가 있다.

다. 변조·복제 용이성(취약성)

디지털 정보는 특별한 장치나 기술 없이 데이터를 삭제·수정·변경·조작할 수 있다.

비록 디지털 정보를 쉽게 가공한다는 장점이 될 수 있으나 증거법상에서는 위·변조로 인한 증거인멸의 가능성이 크다는 단점이 된다.

디지털 정보에 대한 증거수집, 분석과정에서 각종 소프트웨어 또는 장비를 사용하는 경우 인위적으로 조작하게 되거나 혹은 의도치 않게 시스템 스스로 파일의 변화가 일어나는 경우가 있다.

특히, 데이터베이스와 같은 시스템은 여러 사람이 함께 데이터를 사용하기 때문에 데이터의 생성·수정·삭제가 잦으며 이에 따라 시스템 자체의 자동 삭제, 저장 기능이 발생하는데 이는 증거의 물리적 훼손을 의미한다.

비록 당사자가 의도적으로 훼손하는 것이 아니라 시스템이 자동으로 만들 수 있으므로 이를 명백히 확인해야 할 것이다.

라. 대용량성

사무용으로 주로 사용하는 A4용지는 한쪽에 2,000자 정도가 기록된다. 그렇다면 약 1MB 정도에 저장되는 분량은 500쪽 정도가 될 것이다. 540MB 용량의 CD-ROM에는 약 680권 정도의 책이 저장될 수 있다.

한 사람이 보통 1년에 생산하는 문서 등 작성 데이터가 800MB 정도라고 하는데 지금 판매되는 128GB USB 메모리를 사용한다면 평생 생산한 데이터를 보관할 수 있다는 계산이 나온다.

디지털 정보는 간단한 조작으로 자료를 분류하거나 정리할 수 있으며 관리에 별다른 비용도 들지 않는다. 또한, 저장된 자료를 검색하는 방법도 어렵지 않다.

그리고 저장 매체 역시 다양한 형태로 만들어져 사용자의 요구에 충실히 반영되고 있다. 사용자는 스마트폰의 사진, 동영상 등을 지속해서 생산하고 이를 다양하고 여러 종류의 저장 매체에 저장하고 있다.

마. 휘발성

데이터는 전력이 공급되는 동안 존재하는 휘발성 데이터와 전력과는 무관하게 저장 매체에 계속 보관되는 비휘발성 데이터로 구분한다.

특히, 컴퓨터 메모리는 특정 작업이 이루어지는 곳으로 이곳에 데이터는 명령이 수행되면 사라지거나 전원이 끊어지면 차단되는 성격, 즉 휘발성이라는 특성이 있어 빨리 수집하지 않으면 복구할 수 없게 되므로 증거수집 과정에서 특히 주의를 기울여야 한다.

바. 전문성

컴퓨터가 일상에 널리 쓰이고 있지만, 디지털 증거의 수집과 분석은 전문적인 기술이 요구되고 있다. 디지털 정보가 저장되는 원리와 전자적 기술, 필요 프로그램 등이 무엇인지 디지털 정보가 생성될 때 매체에 저장되는 정보는 어디까지인지 등은 전문가의 영역에 해당한다. 예를 들어 저장된 정보에 사용되는 소프트웨어가 무엇인지 정확히 알지 못하면 해당 자료에 접근조차 어려워진다. 최근에는 기술의 비약적 발전에 따라 디지털 정보의 종류가 세분되고 있어 그 전문성은 더욱 심화하고 있다. 디지털 포렌식을 통한 디지털 증거의 압수와 분석에는 분석 프로그램이나 도구 등 전문성이 필수적이다. 이러한 문제는 자칫 법정에서 전문성에 대한 신뢰성 등을 문제 삼을 수 있기 때문이다.

사. 초국경성

디지털 정보는 매체와 독립하여 존재할 수 있다는 매체 독립성의 성격에 따라서 네트워크만 연결되어 있다면 이곳저곳 옮겨 다닐 수 있다. 현대의 컴퓨터는 단독으로 사용하는 예전의 고립된 전자계산기 방식이 아니라 인터넷 등으로 연결된 네트워크를 통해 이동할 수 있다. 특히 모바일 기술의 발전으로 많은 정보는 네트워크가 연결된 모바일 기기를 통해 유통되고 있으며 이러한 이동성에 따라 물리적 관할권에 대한 문제가 발생한다.

3. 디지털 정보의 분류

디지털 정보는 이전에 설명한 바와 같이 특별한 성질을 가지고 있으며 존재의 형태 역시 다양하다.

특히, 0 또는 1로 구성된 이진수 형태로 작성·저장되기 때문에 모니터, 프린터 등 별도의 매체를 통해 내용을 확인할 수 있다.

디지털 정보를 확인하기 위해서 반드시 다른 매체와 접촉해야 하며 이때, 매체와 접촉의 내용을 스스로 기록하거나 의도치 않게 새로운 정보를 저장하는 경우가 있다.

사용자가 직접 저장하지 않는 새로운 정보가 컴퓨터, 별도의 매체 등에서 자동으로 저장할 수 있다는 말이다.

따라서, 정보의 변화 주체가 누구인지 명확하게 이해할 수 있어야 분석의 결과를 설명할 수 있기에 다음과 같이 구체적으로 살펴보자.

가. 저장정보와 생성 정보의 구분

1) 사용자가 컴퓨터에 저장한 정보(Computer Stored Information)

사용자는 문서를 작성하거나 프로그램을 짜서 저장 매체에 저장한다. 혹은 외부에서 촬영한 동영상을 컴퓨터로 이동시켜 저장하기도 한다.

이처럼 사용자가 직접 행동을 하여 디지털 정보를 생성하거나 기존에 생성된 정보를 다시 이동시키는 것이 여기에 해당한다.

저장된 디지털 정보는 사용자의 의사에 반영되었으며 전자적 형태를 띠고 있으나 전통적인 증거법의 법리로 보아 적용 가능하다고 판단된다.

2) 컴퓨터가 자동으로 생성한 정보(Computer Generated Information)

위 항에서 사용자가 직접 작용으로 문서를 작성하여 저장하였다고 보자, 이때 사용자는 문서의 내용을 직접 작성하였고 이를 저장하였다. 하지만, 컴퓨터는 저장된 파일에 대한 정보를 스스로 만들어 보관한다.

그림 1.1과 같이 파일 형식, 연결 프로그램, 위치, 크기, 디스크 할당 크기, 만든 날짜, 수정한 날짜, 액세스한 날짜 등 사용자가 직접 작성한 것이 아닌 별도의 내용을 저장하는데 이는 컴퓨터가 자동으로 생성한 정보이다.

[그림 1.1] 한글 파일 속성 정보

이와 같은 컴퓨터나 매체 스스로 저장되는 정보를 살펴보면 인터넷을 이용했을 경우 유동 IP를 사용할 때 자동으로 IP 주소를 받는 경우, 접속 흔적(Cookie 파일) 등이 있으며, 대표적으로 디지털 정보의 데이터 정보를 가지고 있는 '메타 데이터'가 여기에 해당한다.

컴퓨터가 스스로 생성한 정보는 과학적으로 설명이 되고 이를 입

증할 방법이 객관적이기 때문에 우리 법에서는 이를 전문증거로 보지
않는다. 하지만, 이전 사용자가 저장한 정보의 경우 전문법칙에 해당할
수 있다는 점을 확실히 구분하여야 한다.

나. 데이터 상태에 따른 구분

1) 온라인 데이터(Online Data)

활성 상태라고도 하며, 온라인 시스템에 저장된 디지털 정보를 사
용자가 실시간 이용할 수 있는 상태를 말한다. 따라서, 정보의 생성, 수
신 또는 처리를 실시간으로 할 수 있다. 클라이언트가 서버에서 서비스
를 받는 것과 같은 형태를 말한다.

2) Nearline Storage

사용자가 직접 이동식 저장 매체를 이용하는 것을 말하며, 저장 매
체가 시스템에 연결되면 온라인 상태가 되어 사용자가 이용할 수 있는
단계이다.

USB 메모리, 외장 하드디스크, CD, DVD 등이 근접 데이터에 해
당한다.

3) 오프라인 저장소(Offline Storage)

디지털 정보를 별도의 저장 매체에 보관하는 것을 의미하며 주로
자기테이프 또는 광학 디스크가 여기에 해당한다.
긴급복구를 위하여 저장되고 복구 비용이 발생한다.

4) 백업 테이프(Backup Tapes)

백업 테이프는 시스템의 재해복구 목적으로 만들어지고 주기적으

로 백업을 통해 데이터를 복사하는 방식이다. 이를 순차적 접근 미디어5)라고도 한다. 긴급복구용 저장 데이터는 테이프 전체를 복구하고, 그 파일에서 필요한 파일을 검색하고 추출할 수 있다.

5) 손상 데이터

삭제된 데이터는 비할당 영역에 해당하며 만약 그 영역에 새로운 파일이 덮어쓰지 않는다면 복구할 수 있다. 만약 데이터가 조각났다면 각 파일은 별도의 구역에 각각 존재하게 된다. 바이러스 또는 비정상적인 작동으로 인해 손상된 데이터는 별도의 장비를 사용하여 접근할 수 있다.

다. 데이터 형태에 따른 구분

1) 원본 데이터(Native data)

사용자가 일정한 목적에 따라 만든 데이터를 의미하는데 예를 들어 특정 계약과 관련하여 아래 한글 문서 작성 프로그램을 사용하여 만든 '계약서.hwp' 파일이 그 예이다. 이러한 파일은 문서 그 자체가 증거의 수집 또는 조사의 대상이 된다.

2) 메타 데이터(Meta data)

메타 데이터를 '데이터의 데이터'라고 하는데 해당 자료의 내용, 구조 등 속성 정보를 제공하기 때문이다.

대량의 정보 중에서 효율적으로 해당 정보를 찾아내기 위해서 이용할 수 있으며 일정한 규칙을 가지는데 '내용의 위치, 작성자 등에 대한 정보, 권리·이용 조건, 이용 내력' 등이 기록되며 대표적인 '저장정

---

5) Sequential Access Media

보'에 해당된다.

　사용자가 작성한 데이터에 부수적으로 시스템이 작동되어 자동으로 유저 이름, 단체 이름, 컴퓨터 이름, 작성한 연·월·일 등 정보가 저장되고, 음성 또는 영상 자료를 코딩하는 방법이나 기타 재생 시간과 같은 내용의 정보가 저장된다.

3) 이미지 파일(Image File)

　이미지 파일은 디지털 정보의 오염을 막기 위해서 PDF(Portable Document Format) 등과 같은 형태와 같이 표준화된 이미지 형태로 변환한다. 실무에서 디지털 포렌식을 하는 절차 중 하나로 대상 디스크를 전체 이미지 처리하여 분석하는 방법도 있는데 이때 디스크 포렌식 도구인 'EnCase' 포맷 형식의 E01, 모바일 포렌식 도구인 'MD Series' 포맷 형식의 MDF 이미지 파일이 대표적이다.

라. 데이터의 휘발성에 따른 구분

　디지털 정보는 보관 중인 저장 매체의 종류에 따라 전원이 끊어지기면 정보가 사라지는 휘발성(Volatility), 전원과 무관하게 계속 저장되는 비휘발성을 가진 것으로 구분한다.

1) 휘발성 데이터

　데이터 가운데 가장 휘발성이 높은 것은 네트워크 장비를 통해 전송 중인 데이터가 대표적이며, 다음으로 컴퓨터 장치 중 주기억 장치(RAM)에 상주하는 데이터가 있다.

　이러한 휘발성 데이터를 확보하기 위해서는 전원이 차단되지 않은 상태에서 그 정보를 덤프하는 형식을 사용하고 있다.

2) 준 휘발성 데이터

RAM과 같이 휘발성 메모리에 저장되지는 않지만, 시스템 운영체제가 작동하면서 생산되는 이벤트가 시작되고 이상 유무를 알려주고 종료되는 기록을 말하는데, 대표적으로 프로그램 설치, 압축 해제 등과 관련되는 Temp File, 메모리 정보를 잠시 보관하는 Swap File, 출력을 위해 프린터에 데이터를 전송하는 Spool File, 인터넷 접속 기록 및 웹 페이지를 임시로 저장하는 Temporary Internet File, 윈도 시스템의 설정 상태와 운영 현황을 빠짐없이 기록하는 Registry File, 윈도에 설치된 프로그램과 사용 내용을 기록하는 Log File 등이 이에 속한다.

3) 비휘발성 데이터

비휘발성 데이터는 전원이 끊어져도 정보가 사라지지 않는다. 컴퓨터에 장착된 하드디스크(HDD) 또는 비휘발성 메모리(Flash Memory)가 대표적이다. 이러한 장치에 보관된 데이터는 그 자체로 저장된 증거로 사용할 수 있다.

Chap. 3
디지털 정보의 기본 조건

    증거능력(證據能力)은 형사소송법에서 요구하는 엄정한 증명을 거치고 법정에 제출되는 유·무죄를 다툴 수 있는 자격을 가진 증거를 말한다. 즉, 공소의 범죄사실과 같은 주요사실을 인정하는 자료로 사용할 수 있는 법률상 객관적인 자격을 가진다.

    증거능력 없는 증거는 사실인정의 자료로서 사용하지 못하고, 증거로 사용하기 위하여 공판정에서 제출 조차 허용되지 않는다. 이에 대한 이유는 증거능력 없는 증거에 대한 증거조사를 허용하게 되면 법관은 심증 형성에 부당한 영향을 받을 가능성이 있기 때문이다. 증거능력은 증거로서의 자격 여부, 즉 증거의 허용성에 관한 문제로써, 증거의 실질적 가치를 정의하는 증명력과 확연히 구분된다. 따라서 임의성이 없는 자백, 반대 신문권을 행사할 수 없는 전문증거, 당해 사건의 공소장 등은 증거능력이 없다고 인정된다.

    증명력(證明力)은 그 증거가 사실 인정 여부를 다툴 수 있는 실질

적인 가치를 말하며 그 판단은 '자유심증주의'에 따라 법관의 자유로운
판단에 맡겨지므로 증거능력과 엄격히 구별해야 한다.[1]
    디지털 정보의 진정성·무결성·신뢰성·원본성 등 특성에 대하여
보통의 경우 다음과 같이 세 가지 형태[2]로 문제 제기되고 있다.

- 디지털 증거가 ① 변경되었는지, ② 조작되었는지, 생성된 후에 ③ 손
  상을 입었는지에 대한 의문을 제기하는 형태
- 디지털 증거를 시각화시켜 출력한 프로그램의 신뢰성 문제에 의문을
  제기하는 형태
- 디지털 증거에 대한 진술자, 작성자의 신원 확인 문제에 의문을 제기하
  는 형태

    따라서, 획득한 디지털 증거가 법적 효력을 가져 증거능력을 인정
받기 위해서는 디지털 정보의 진정성·무결성·신뢰성·원본성 등 특성
이 기본적으로 보장되어야 한다.

1. 디지털 정보의 진정성(Authenticity)[3]

    진정성은 특정한 사람이 특정 시점에서 생성하고 특정인에게 전송
한 행위 결과가 정확하게 표현하고 그로 인해 생성된 자료인 것을 인
정하는 것이다.
    동일성이나 무결성은 증거를 처음 수집해서 법정에 제출하기까지

---

1) 출처 : 위키백과
2) 정교일, 대검찰청, 2010.4.9. '디지털증거의 압수와 공판정에서의 제출방안'.
3) 손지영, 김주석, "디지털 증거의 증거능력 판단에 관한 연구", 사법정책연구원 연구
   총서 2015−08.

변경이나 훼손이 없었다는 것을 의미한다. 진정성은 압수한 디지털 증거의 수집에서 보존까지를 다루며 무결성 또는 동일성은 디지털 정보의 수집과 보존뿐만 아니라 분석, 이송 및 법정 제출 등 모든 과정에 해당한다.

따라서, 디지털 증거는 양이 많고 작성자가 누구인지 파악할 수 없는 익명성 등의 특성으로 인해 작성자의 진정성에 문제가 제기되고 있다. 그래서 항상 법정에서는 이에 대한 입증을 요구한다.

이러한 진정성의 문제는 동일성의 문제 혹은 원본성의 문제와도 당연히 관련 있다. 전자우편에 범죄와 관련된 파일을 첨부하여 서로 주고받은 것을 증거로 제출하였으나 범인들은 압수된 전자우편과 파일은 자신들과 무관하다고 주장하는 것은 진정성을 부인하는 취지이지만, 자신들이 보냈던 전자우편과 파일이 불상의 방법으로 그 내용이 변경되고 첨부된 파일이 바뀌어졌다는 주장으로 동일성을 부인하는 취지이기도 하다.

그러나 이러한 측면의 '동일성 요건'을 진정성 요건에 포함해 검토하여도 무방하다고 본다. 진정성의 일부 부인 주장으로 볼 수도 있을 뿐만 아니라 무엇보다도 원본 데이터, 사본 데이터, 출력물의 내용이 완전히 일치해야 한다는 원래 의미의 동일성 요건과 혼동될 가능성이 있기 때문이다."[4]라고 하여 진정성 요건을 동일성 요건과 결부된 문제로 보는 견해도 있다.

이는 외국의 법령, 판례 및 문헌의 번역에서 오는 혼란에서 초래되었다고 보인다. 생각건대, 진정성 문제는 사람의 행위가 개입된 증거에 관한 동일성·무결성의 문제로서 그에 포함되어 논의될 성질의 것이며, 우리 형사소송법에서 전문증거 예외를 인정하기 위한 요건인 성립의 진정 인정 문제(형사소송법 제312, 313조)와 사실상 같거나 유사하여 혼

---

4) 박혁수, "개정 형사소송법상 디지털 증거의 증거능력 – 관련성, 신뢰성, 진정성, 원본성을 중심으로", 해외연수검사 연구논문집 제25집 (2010), 21.

동을 초래할 수 있으므로, 동일성·무결성의 문제와 분리된 진정성의 개념을 별도로 인정하여 검토할 실익은 적다고 보인다.[5]

대법원도 '대법원 2007. 12. 13. 선고 2007도7257 판결'(소위 일심회 사건)이나 '대법원 2013. 7. 26. 선고 2013도2511 판결'(소위 왕재산 사건)에서 각각 문제가 된다. 디지털 증거의 증거능력 인정 여부를 검토하면서 이를 무결성·동일성 인정 여부 문제와 전문법칙의 적용 여부 문제로 나누어 검토하고 있을 뿐 이와 별도로 디지털 증거에 특유한 증거능력 인정 요건으로서 진정성이 확보되었는가를 검토하고 있지는 않다.

2. 디지털 정보의 무결성(Integrity)

디지털 정보는 다른 증거와는 달라 변조의 용이성 또는 취약성 등의 특성으로 인하여 압수한 증거가 법정에 제출될 때까지 일체의 변경이나 훼손이 없었다는 것을 논리적, 기술적으로 입증해야 한다. 디지털 증거에 대한 "수집 → 분석 → 처리 → 보관 → 법정 제출" 과정 전반에 걸쳐 많은 사람의 행위가 개입되기 때문에 모든 접촉자는 일정한 행위를 할 때마다 원본 데이터의 무결성을 유지하고 있다는 절차적·물리적 보증이 필요하다.

협의의 디지털 증거의 진정성은 디지털 데이터가 1bit라도 변화가 생겼고, 그러한 결과 해시값(MD5, SHA-1 등)이 변경되었다면 무결성이 훼손되었다고 본다.

디지털 증거의 무결성 보장은 디지털 증거가 사건을 수사한 수사

---

5) 손지영, 김주석. "디지털 증거의 증거능력 판단에 관한 연구", 대법원 사법정책연구원, 2015.

기관 혹은 분석을 담당한 제삼자에 의해 위조되었다는 것을 검증과정에서 밝혀야 하고, 만약 법정에 제출되었다면 검증과정에서 이를 적발할 수 있어야 한다.

또는, 피의자 또는 피고소인이 디지털 증거가 위조되었다는 가능성을 이유로 증거능력을 무력화시키려 할 때도 디지털 증거가 조작되거나 오염, 훼손되지 않았다는 무결성과 신뢰성을 입증할 수 있어야 한다.

만약, 디지털 데이터 일부가 훼손되어 무결성이 훼손될 수 있는데 이런 경우 증거능력 자체를 부정하기보다는 진정성 관점에서 본질적인 부분의 변화 여부를 가지고 판단할 수 있어야 한다.

3. 디지털 정보의 원본성(Originality)

디지털 정보는 존재하는 그 형태로는 가시성, 가독성이 없으므로 인쇄물, 또는 화면에 출력하여 법원에 제출해야 한다. 대용량 저장 매체에서 증거를 수집할 때에는 원본 저장 매체에 있는 증거를 다른 저장 매체에 복사해야 한다. 이러한 이유로 법정에 제출되는 증거는 원본 증거와는 다른 저장 매체에 존재하게 되므로 이를 증거원본이 아니라고 주장할 수 있다. 우리 형사소송법에서는 원칙상 증거원본이 제출되어야 하지만, 디지털 정보의 경우 제출되는 사본 증거, 그리고 실제 볼 수 있도록 가시성, 가독성 있는 형태로 변환된 증거를 원본으로 인정할 수 있느냐는 법적 문제가 제기될 수 있다.

디지털 증거는 원본과 사본의 구분이 힘들다. 미국은 '최량증거원칙(Best Evidence Rule)'에 따라 반드시 원본에 따른 입증을 요구한다.

하지만, 미국 연방 증거규칙 제1001조 제3호에서는 "데이터가 컴

퓨터 또는 동종의 기억장치에 축적된 경우에 가시성을 가지도록 출력
된 인쇄물 또는 산출물로서 데이터의 내용을 정확히 반영하고 있다고
인정되는 것은 원본으로 본다."라고 규정하고 있다.

　　이는 디지털 증거를 출력한 문건의 원본성을 법적으로 인정하고
있다. 디지털 증거는 실상 존재는 하지만 형태를 가지지 않는 무체물이
다. 일반적인 유체물과 달라 형상의 물건이 증거가 아닌 눈에 보이지
않는 정보가 증거라는 말이다. 이처럼 특수한 성질은 유체물이 아닌 정
보 그 자체를 의미한다는 뜻으로 매체 독립적이고 원본과 사본의 구분
이 무의미하다고 한다.

　　우리나라는 2007년 형사소송규칙이 개정되면서, 제134조의7로 컴
퓨터용 디스크 등에 기억된 문자정보 등에 대한 증거조사 방법에 관한
규정을 신설함으로써 기존에 문제가 되었던 저장 매체에서 출력한 문
건의 원본성 여부를 입법적으로 해결한 것으로 보이지만, 원본 저장 매
체에 있는 데이터를 다른 저장 매체에 복사 또는 이전하는 방법으로
디지털 증거를 수집할 때는 복사, 이전하여 저장하고 있는 사본 저장
매체를 원본으로 인정하는지는 아직 형사소송법이나 형사소송규칙 어
디에도 언급하지 않고 있다.

4. 디지털 정보의 신뢰성(Reliability)

　　디지털 정보는 위·변조가 쉽고 의도적이거나 실수로 조작할 수 있
으므로 '취약하다'라는 성질을 가지기 때문에 그 신뢰성을 보장해야 할
필요가 있다. 신뢰성을 인정하기 위해서는 절차적으로 '연속'적으로 '보
관'에 문제가 없다는 것을 증명하여야 하는데 이를 '연계 보관성(Chain
of Custody)'이라고 한다.

'일심회 사건', '왕재산 사건'에서 대법원은 디지털 증거의 동일성·무결성을 인정하기 위해서는 정보 저장 매체 원본과 '하드카피', '이미징' 한 매체 사이에 자료의 동일성에 대해서, 그리고 확인하는 과정에서 사용한 컴퓨터의 기계적 정확성, 프로그램의 신뢰성을 물었고, 자격 있는 자가 입력·처리·출력의 각 단계에서 조작하였는지 기술적 능력은 있는지 등을 확인하였다.

이처럼 디지털 포렌식의 신뢰성 확보를 위해서 절차부터 마지막 분석관의 자격까지 신뢰성을 가져야 한다.

Chap. 4
디지털 포렌식 대상

디지털 포렌식의 대상이 되는 디지털 기기는 일반적인 형태로 구성이 되어 있다.

[그림 1.2] 중앙처리 장치 구성도

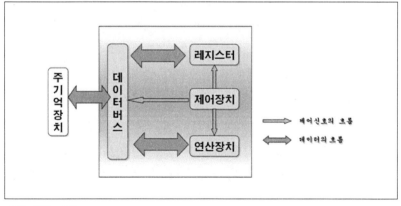

출처: 구글 검색

1. 범용 시스템

복잡한 계산을 처리하기 위하여 개발된 컴퓨터는 대표적인 범용 시스템으로 흔히 개인적 용도로 사용되는 PC(Personal Computer)를 생각하고 있으나, 사실은 다양한 목적과 사용 방식에 따라 분류하고 있다.

개인용 컴퓨터, 서버 컴퓨터, 슈퍼컴퓨터 등으로 구분된다.

가. 개인용 컴퓨터

개인용 컴퓨터는 휴대성에 따라 '데스크톱 컴퓨터', 노트북이라 불리는 '랩톱', 그리고 휴대성을 강화한 '태블릿PC' 등이 있다.

데스크톱은 사무실이나 가정에 고정형으로 설치하여 사용하며 대용량 통계 처리 또는 고급 그래픽 기능 등이 가능한 '워크스테이션'과 일반적인 사무용도, 가정용으로 사용되는 데스크톱으로 구분할 수 있다.

랩톱 컴퓨터는 무릎에 올려서 사용한다는 의미로 이동을 하면서 사용하며 공간의 제약이 없다는 장점이 있다. 하지만, 발열과 배터리 용량 등의 단점 역시 지니고 있다.

태블릿PC는 키보드 대신 터치스크린을 이용하기 때문에 랩톱보다 훨씬 강력한 휴대성을 가지고 있으나 스마트폰 형식의 OS가 장착되어 있어 랩톱보다 성능이 떨어진다는 단점이 있다.

워크스테이션   랩톱   태블릿PC

나. 서버 컴퓨터

네트워크를 통해 서비스를 제공하는 컴퓨터를 '서버(Server)'라고 하며 서비스를 요청하는 컴퓨터 또는 사용자를 '클라이언트(Client)'라고 한다.

서버는 여러 가지 임무를 수행하는데 역할에 따라 '웹 서버', '파일 서버', 'DNS 서버', '데이터베이스 서버' 등이 있다.

서버는 소프트웨어로 기능이 수행되며 클라이언트의 요청에 즉시 대응할 수 있도록 24시간 고장 없이 운용되는 것이 중요하다. 따라서 서버 운용 기업은 동시에 요청하는 고객을 응대할 수 있도록 여러 개의 CPU를 탑재하고 많은 메모리를 장착하여 맞춤형 제작 컴퓨터를 사용하고 있다.

일반 사용자가 개인용 컴퓨터를 서버 용도로 사용하는 때도 있는데 기업용과 같이 많은 이용자가 서비스를 요구하는 것이 아니므로 개인적인 용도로 사용 가능하며 이때 개인용 컴퓨터도 서버 컴퓨터가 된다.

다. 슈퍼컴퓨터

슈퍼컴퓨터는 주로 기상 관측을 위해 수많은 경우의 수를 계산해야 하는 목적이거나 연구를 위한 목적으로 사용되고 있다. 세계 최초의 슈퍼컴퓨터는 미국의 컴퓨터 기술자 '클레이'가 설계한 업무용 'CRAY-1'이다. 1976년에 '클레이 리서치'사에서 처음 출시된 이후, 과학 기술 계산용 슈퍼컴퓨터로서 가장 널리 사용되고 있다. 아키텍처는, 12개의 기능 유닛과 다수의 고속 레지스터를 갖추고 벡터 형 데이터를 파이프라인 방식으로 처리하도록 설계되었으며, 최대 성능은 160M flops[1]로 알려져 있다.

현재 우리나라에 5대의 슈퍼컴퓨터를 보유하고 있으며 연산능력은 수백 테라 flops 정도이다. 기상청이 2대, 서울대학교, KISTI(한국과학기술정보연구원), KIST(한국과학기술연구원)에 각 1대씩 사용 중이다.

[그림 1.3]

출처: 구글 검색

---

1) flops(FLoating point Operations Per Second) 컴퓨터의 연산 속도를 나타내는 단위이며 초당 부동소수점 연산을 의미

2. 임베디드 시스템

임베디드 시스템은 하드웨어 기능을 제어하고 관리하는 기능을 담당하고 있으며 범용 컴퓨터와 같이 필요에 따라 확장을 할 수 없으며 소프트웨어가 기기에 내장된 형태이다.

예를 들어 IPTV는 하드웨어와 각종 시청 장치를 조종하는 소프트웨어로 구성되어 있다. 음량을 조절하거나 채널을 변경하고 시간에 맞춰 채널을 찾는 기능 등 IPTV와 관련된 기능만 있을 뿐 범용 컴퓨터와 같이 프로그래밍을 하거나 새로운 업무를 할 수 있는 확장성은 전혀 없다는 특징을 가진다.

[그림 1.4]

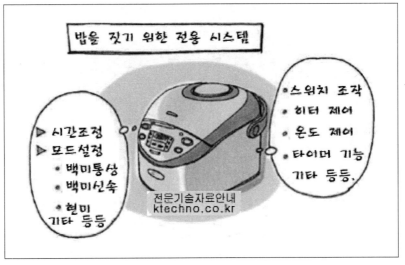

출처: 전문기술자료

가. 가전제품

일반적인 가정에서 사용 중인 가전제품은 네트워크가 연결되어 더 나은 서비스를 제공하고 있으며 최근에는 이러한 제품이 많이 출시되고 있다. 일기예보와 요리의 레시피를 알려주거나 보관 중인 식자재의 유통기한을 알려주는 냉장고, 추운 겨울 외부에서 귀가하면서 주택의 보일러를 켜 온도를 조정할 수 있는 보일러, 평소 좋아하는 TV 프로를 알람 형식으로 알려주거나 나중에 따로 볼 수 있도록 녹화해주는 IPTV 등이 그러한 예이다.

이러한 가전제품은 결국 데이터를 저장할 수 있는 장치(저장장치)를 가지고 외부에서 네트워크(통신장치)로 명령을 수행(연산, 제어장치)할 수 있는 능력을 갖춘다.

따라서, 압수현장에서는 이러한 가전제품을 만나게 된다면 기기에 대한 디지털 포렌식 여부를 고민해야 할 것이다.

나. 사무용 기기

가전제품과 마찬가지로 사무 용도로 사용하는 기기 역시 네트워크와 연결되어 사용자에게 더 많은 서비스를 제공하고 있다.

대표적인 기기가 팩스라 불리는 '팩시밀리'이다. 그리고 복사기, 스캐너, 프린터 등의 기능이 하나로 묶여 작동하는 '복합기' 등이 있다.

복합기를 포함한 사무기기는 업무에 효율을 주는 용도나 고가이기 때문에 사무실에 1대를 설치하여 여러 사용자가 공용으로 사용하고 있다.

여러 사용자가 각자의 명령을 내리면 기기는 순차적으로 수행하는데 이때 저장 공간에서 명령을 기억하고 지시에 따라 처리한다. 따라서 사무실 등에서 증거를 수집할 때 반드시 복합기 등 사무용 기기에 대해서도 '디지털 포렌식' 작업이 이루어져야 할 것이다.

3. 클라우드 저장소

　클라우드 저장소는 클라우드 컴퓨팅의 한 부분에 속한다. 인터넷 상 저장 공간을 두고 내 정보를 그곳에 저장하는 것을 의미한다. 물리적 저장장치를 직접 가지고 다니며 디지털 기기에 연결하여 데이터, 정보를 읽거나 쓰는 것이 아닌 네트워크로 연결하여 사용하는 서비스이다.

　이는 한 사람이 정보를 독점하는 차원을 넘어 팀별로 정보를 공유할 수 있고 협업할 수 있다는 장점이 있다.

　하지만, 디지털 포렌식 관점에는 저장소의 위치에 대한 정보가 없는 경우 압수·수색이 불가능하며 저장소의 위치를 안다고 해도 해외 서비스를 받는다면 영장의 실효 문제 등이 발생할 수 있다.

4. 분석 대상 분류

가. Disk Forensic

　물리적인 저장장치인 HDD, CD−ROM, SSD, USB 메모리, MicroSD Card, CF 등 각종 보조 기억장치에서 증거를 수집하고 분석한다.

나. System Forensic

컴퓨터의 운영체제, 응용 프로그램과 프로세스를 분석하여 증거를 수집하고 분석한다.

다. Network Forensic

네트워크를 통해 전송 중인 데이터나 패킷 암호 등을 분석하고, 네트워크 통신의 형태를 조사하여 증거를 수집하고 분석한다.

라. Internet(Web) Forensic

흔히 인터넷이라 부르는 www, web, FTP 등의 인터넷 응용 프로토콜을 사용하는 증거를 수집하고 분석한다.

마. Mobile Forensic

휴대전화, PDA, 스마트폰, 디지털카메라, 드론 등 휴대용 기기에서 증거를 수집하고 분석한다.

바. Database Forensic

데이터베이스(DB)에서 데이터를 추출·분석하여 증거를 수집하고 분석한다.

사. TrueCrypt Forensic

범행에 사용된 문서 또는 시스템의 암호를 해독한다.

아. Incident Response Forensic

침해사고란 해킹, 바이러스, 악성코드, DDoS 공격 등으로부터 정보통신망이나 정보시스템이 파괴되거나 피해가 발생한 사태를 뜻하고 사고 재발을 방지하기 위하여 피해 시스템에 대한 자료수집과 악성코드 감염 여부 조사 및 해킹 침입 경로 파악 등을 위해서 디지털 포렌식 조사과정은 필수이다.

자. Internet of Everything Forensic

컴퓨터 또는 서버 등과 같은 전통적인 기기를 대상으로 디지털 포렌식 하던 것과 달리 최근에는 스마트폰, 태블릿PC, 가정용 IP TV, 게임기기, 스마트 냉장고, 커넥티드 자동차 시스템, 스마트 워치 등 다양한 종류와 형태의 기기가 존재하고 있다. 'Internet of Everythings'라 표현하는 만물 인터넷 대상은 지속해서 증가할 것이다.

Chap. 5
디지털 포렌식 기본원칙

1. 정당성의 원칙

증거를 획득하는 과정, 즉 수색부터 압수, 법정 제출까지 모든 절차가 적법해야 하며, 과정 중 한 부분이라도 하자가 없어야 한다.

위법한 방법으로 수집한 증거는 증거능력이 상실되므로 법적 효력 자체가 없어진다.

피의자 주거지 또는 사무실에서 증거를 수집하기 위해서는 법원이 발급한 압수·수색·검증 영장을 소지하고 현장에서 임장해야 하며, 영장 제시의 순간부터 집행의 시작이 되므로 동영상 촬영, 피압수자의 서명 등 모든 절차는 기록되어야 하며 형사소송법과 범죄 수사규칙에 따라 집행하여야 한다. 그리고 현장에서 범죄와 관련된 자료를 압수하기 위해서는 압수 조서와 목록을 작성하고 소유권 포기서 등 각종 서식

역시 절차에 따라 작성하여야 한다.

만약, 압수물이 디지털 증거라면 유체물의 압수와 달리 피압수자가 소지, 보관하는 것이 맞는지 확인할 수 있는 진정성과 무결성은 반드시 담보되어야 하는 특별한 절차가 요구된다.

가. 위법수집증거배제법칙(형사소송법 제308조의 2)

적법한 절차에 따르지 않고 수집한 증거는 위법수집 증거에 해당하기 때문에 이를 사용할 수 없다.

주요판례 : 서울중앙지방법원 2006노2113[1)]
* 피고인이 지구대에 임의동행된 상태에서 경찰관이 피고인의 집과 차량을 수색한 행위는 사후에 바로 압수·수색 영장을 받지 아니한 이상 위법하므로 압수물의 사진 및 압수 조서의 증거능력을 인정할 수 없다고 한 사례.

---

1) 형사소송법 제216조 제1항은 "수사기관이 현행범인을 체포하는 경우에 필요한 때에는 영장 없이 체포현장에서 압수·수색을 할 수 있다."라고 규정하고, 형사소송법 제217조 제1항은 "수사기관은 긴급체포할 수 있는 자의 소유, 소지 또는 보관하는 물건에 대하여는 체포한 때부터 48시간 이내에 영장 없이 압수·수색을 할 수 있다."라고 규정하고 있으나, 이는 영장주의 자체에 대한 예외규정이므로, 현행범 체포행위에 선행하는 압수·수색은 허용되지 아니하고, 현행범으로 체포된 자가 압수·수색의 현장에 있음을 필요로 하며, 또한 '긴급체포할 수 있는 자'란 현실적으로 '긴급체포된 자'로 해석하여야 할 것이다.
그런데 위 인정 사실에 의하면, 피고인이 이미 지구대에 임의동행되어 있었던 이상 그 후 피고인을 현행범인으로 체포할 당시 피고인이 범죄의 실행 중이거나 범죄의 실행의 직후에 있었다고 할 수 없어 피고인을 현행범인이라고 볼 수 없을 뿐만 아니라 형사소송법 제211조 제2항 각호의 준현행범인에 해당하지 아니하고, 피고인을 지구대에 남겨두고 다시 피고인의 집으로 가서 피고인의 집과 차량을 수색한 것을 체포현장에서의 수색이라고 할 수 없으며, 또한 피고인이 긴급체포된 자에 해당한다고 볼 수도 없다.
나아가 형사소송법 제216조 제3항은 "범행 중 또는 범행 직후의 범죄장소에서 긴급을 필요로 하여 법원 판사의 영장을 받을 수 없는 때에는 영장 없이 압수·수색을

나. 독수독과이론

毒樹毒果理論(Fruit of the poisonous tree)은 위법행위로 수집한 증거(독수)로 확보한 제2차 증거(독과)는 증거능력을 인정할 수 없다. 미국의 연방대법원 판례에서 유래했으며, 우리나라 형사소송법의 증거법칙이며 '독과수이론'이라고도 한다.

2. 무결성의 원칙

디지털 데이터는 위·변조가 쉽고, 복제 역시 쉽다는 특성을 가진다. 따라서, 최초 압수한 디지털 증거가 저장된 매체를 법정에 제출하는 전체 과정에서 변경이나 훼손이 없었다는 것을 반드시 증명해야 한다. 디지털 정보에 대한 "수집·분석·보관·처리·법정 제출" 등 일련의 과정에 관여한 사람은 자신이 관여한 일시, 사유와 최초 원본 증거의

할 수 있다. 이 경우에는 사후에 바로 영장을 받아야 한다."라고 규정하고 있으나, 사후에 바로 영장을 받지 아니한 이 사건에서 위 압수·수색이 적법하다고 할 수 없다. 그렇다면 이 사건 사진 및 압수 조서는 위와 같은 위법한 수색에 계속되고 이것을 직접 이용해서 촬영되거나 작성된 것으로서, 이러한 수색 등 절차에는 헌법 제12조 제3항 및 이를 이어받은 형사소송법 제215조 등에서 기대되는 영장주의의 정신을 무시한 중대한 위법이 있다고 할 것이고, 이들을 증거로 허용하는 것은 장래 위법한 수사의 억지 관점에서 볼 때 상당하지 않다고 보이므로, 비록 위법한 압수·수색으로 인하여 그 압수물의 사진이나 압수 조서 자체의 성질·형상에 변경이 일어나는 것은 아니어서 그 형태 등에 관한 증거가치에는 변함이 없다고 하더라도, 그 증거능력을 부정하여야 할 것이다.

이에 관하여 검사는, 피고인이 이들을 증거로 함에 동의하였으므로 유죄의 증거로 할 수 있다고 주장하나, 위법하게 수집된 증거는 형사소송법 제318조 제1항에 의한 증거 동의의 대상이 될 수 없어(대법원 1997. 9. 30. 선고 97도1230 판결 참조) 동의가 있다 하더라도 증거능력이 인정되지 않는다고 할 것이므로, 위 주장은 받아들일 수 없다.

무결성을 유지했다는 보증을 반드시 해야 한다.

실무에서는 영장 집행 시작부터 동영상을 촬영하고 스냅사진도 계속해서 찍는다. 그리고 디지털 증거의 경우 선별 압수 또는 이미징을 했을 때 원본 데이터와 사본 데이터가 같음을 증명하기 위해 '해시(Hash)' 함수 결과값을 가지고 입증을 한다.

※ 해시함수(Hash Function)[2]
- 데이터의 효율적 관리를 목적으로 임의의 길이 데이터를 고정된 길이의 데이터로 매핑하는 함수이다. 이때 매핑 전 원래 데이터의 값을 키(key), 매핑 후 데이터의 값을 해시값(hash value), 매핑하는 과정 자체를 해싱(hashing)이라 한다.
- 특정한 키를 사용하지 않기 때문에 같은 문장에 대한 같은 해시값이 출력되며, 만약 문장이 조금만 변해도 해시값은 달라진다.
- 또한, 해시함수의 종류에 따라 출력되는 해시값의 길이도 달라진다.

[표 1.1] 해시 종류와 구성

종류	MD5	SHA-1	SHA-256	SHA-384	SHA-512
메시지 다이제스 길이	160	128	256	384	512
메시지 길이	2^{64}	2^{64}	2^{64}	2^{128}	2^{128}
블록 길이	512	512	512	1024	1024

---

2) Wikipedia 검색

3. 재현의 원칙

디지털 포렌식을 통해 압수한 증거물에 대해서 검증은 반드시, 필요한 과정이다. 이때 같은 조건과 상황이라면 항상 같은 결과가 나와야 하며 이러한 과정을 재현을 통해 이루어져야 한다. 만약, 수행할 때마다 다른 결과가 나온다면 압수한 디지털 증거물은 증거로 제시할 수 없다.

4. 신속성의 원칙

디지털 데이터는 휘발성이라는 특성이 있으므로 증거수집의 과정은 아주 신속하게 이루어져야 하고 보관의 조치 역시 휘발성이라는 특성을 고려하여 전자기로부터 보호받을 수 있는 특수한 용기 등이 동원되어야 하고 모든 과정은 바로 진행되어야 한다.

5. 연계 보관성(Chain of Custody)의 원칙

압수현장에서 영장 집행을 통하여 정당한 방법으로 획득한 증거의 생성부터 이송, 보관, 분석의 각 단계와 최후 법정에 제출되는 과정까지가 모두 문서화, 시각화되어 증빙되어야 한다는 원칙이다.

절차를 요약하면 「증거물 획득 → 이송 → 분석 → 보관 → 법정 제출」의 각 단계에서 담당자 또는 책임자가 누구인지 단계별로 정확하게 명시해야 한다.

그리고 단계마다 새로운 이벤트가 발생하면 그 사유와 담당자, 참여인의 서명 등이 필요하다.

Chap. 6
디지털 증거

    디지털 증거(Digital Evidence)란 범죄를 증명할 수 있는 가치를 지닌 이진수 형태로 저장되거나 네트워크를 통하여 전송 중인 정보로서 범죄와 피해자 또는 범죄와 가해자 사이의 매개체가 되는 모든 디지털 데이터를 의미한다. 여기에는 전통적인 의미의 컴퓨터상에 저장된 데이터뿐만 아니라 이진 형태로 저장되거나 전송 중인 모든 텍스트, 이미지, 음성, 영상 데이터 등을 포함하는 개념으로 사용한다.

    디지털 증거에 대해서 가장 많은 이견(異見)은 디지털 증거의 '증거능력'에 대한 문제와 증거법상 '전문법칙'의 적용 여부에 관해서이다. 컴퓨터와 인터넷의 사용이 보편화 되면서 디지털 증거에 대해서도 그 진정성, 동일성 및 원본성이 인정되는 경우에는 증거로써 사용될 수 있다. 또한, 실무적으로도 사이버 범죄뿐만 아니라 일반 형사사건의 수사에 있어서 디지털 증거에 대한 의존도가 계속 높아지고 있어 학계에서는 꾸준히 연구가 진행되고 있다.

1. 디지털 데이터

우리는 일상에서 흔히 '디지털(Digital)'과 '아날로그(Analog)'를 상반된 관계로 정의하곤 하지만 다음 설명을 보면 그렇지 않다.

어떤 양(量) 또는 정보가 연속적으로 변환하는 물리량(예를 들어 전압, 전류 등)을 표현하는 방식을 '아날로그'라 할 수 있으며, 어떤 양 또는 정보를 2진수로 표현하는 것을 '디지털'이라 정의할 수 있다.

이러한 표현을 시각적으로 표현하게 되면 아날로그의 경우 곡선이나 그래프의 형태로 정보 변화를 표현할 수 있으며, 디지털은 1과 0이라는 숫자의 형태로 정보 변화를 표현할 수 있다.

원래, 디지털의 어원은 '디지트(Digit)'에서 유래되었으며 손가락이란 의미의 '디지트'는 의미가 조금씩 변해 손가락의 폭이란 의미로 길이의 단위가 되었다. 고대 이집트 단위를 보면 1디지트가 18.9mm였다. 옛날 사람들은 손가락으로 물건을 세면서 손가락이라는 의미가 숫자를 의미하게 된 것이다.

우리가 생활에서 사용하는 기기 중에서 디지털과 아날로그의 차이점을 가장 표현해줄 수 있는 것이 시계이다. 아날로그 시계의 경우 시침과 분침, 초침이 각각 움직이며 시간을 연속적으로 알려준다. 반면, 디지털 시계의 경우 숫자로 현재의 시간만을 표시하여 알려주고 있다.

전자계산기, 전자저울 또는 전자시계 등은 전류를 통해 현상을 인식하고 표시하기 때문에 '불연속적 표시'라고 한다. 연속적인 값으로 표현하기에는 실제로 사용하는 전류가 매우 불안정하기 때문이다. 그래서 전류가 흐르거나 흐르지 않거나 하는 확실한 두 상태로 모든 상황을 대치하기 위해서 등장한 것이 '디지털 방식'이다.

즉, 연속적인 값들을 분류하여 전류가 흐르지 않는 상태 '0'과 전류가 흐르는 상태 '1'의 조합으로 된 하나의 값으로 처리하는 것이다.

디지털 데이터가 아날로그 데이터보다 정확하고 오차가 없다는 것은 디지털 신호가 '0'과 '1'이라는 숫자로만 표현되기 때문에 전송, 기록, 수신, 재생 등의 과정에서 오류 없이 읽고, 쓰기를 하여 원래 데이터와 같은 값으로 재현되기 때문이다.

하지만, 아날로그 장치는 장기간 사용하게 되면 노후화로 인해 미세한 오류가 발생하고 이로 인한 데이터가 정확하지 않아 신뢰성이 떨어진다.

반면, 디지털 신호는 전자회로의 특성이 변화하더라도 출력에 영향을 미치지 않기 때문에 장비의 신뢰도와 수명 측면에서 아날로그 장비보다 효율적이며 디지털 장비는 소프트웨어를 통해서 하드웨어 성능을 업그레이드할 수 있다.

가. 데이터 표현

1) 2진수, 8진수, 10진수, 16진수

2진수는 '0'과 '1' 두 개의 기호로 데이터를 표현하며, 8진수는 0~7까지 8개의 기호로 데이터를 표현하며, 10진수는 0~9까지 10개의 기호로 데이터를 표한다. 그리고 16진수는 0~10, A, B, C, D, E 총 16개의 기호를 사용하여 데이터를 표현한다.

[표 1.2] 진수 변환

2진수	8진수	10진수	16진수
1	1	1	1
10	2	2	2
11	3	3	3
100	4	4	4
101	5	5	5
110	6	6	6
111	7	7	7
1000	10	8	8
1001	11	9	9
1010	12	10	A
1011	13	11	B
1100	14	12	C
1101	15	13	D
1110	16	14	E
1111	17	15	F
10000	20	16	10
10001	21	17	11

2) 비트(Bit)와 바이트(Byte)

'비트(Bit)'란 컴퓨터가 표현하는 데이터의 최소 단위로서 2진수 값 하나가 저장되어 있는 메모리의 크기를 뜻하며, '바이트(Byte)'란 비트 8개의 묶은 단위이다.

그림 1.5는 메모리를 단위로 표현한 것으로, 칸 하나가 1bit이고 8개가 묶이면 1byte가 된다.

[그림 1.5] bit와 byte

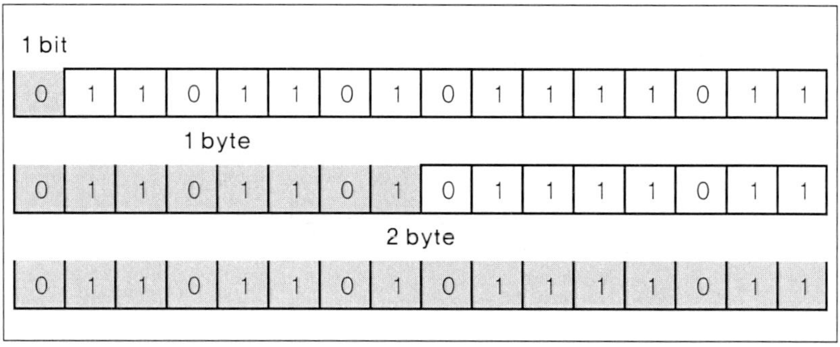

1 bit

| 0 | 1 | 1 | 0 | 1 | 1 | 0 | 1 | 0 | 1 | 1 | 1 | 1 | 0 | 1 | 1 |

1 byte

| 0 | 1 | 1 | 0 | 1 | 1 | 0 | 1 | 0 | 1 | 1 | 1 | 1 | 0 | 1 | 1 |

2 byte

| 0 | 1 | 1 | 0 | 1 | 1 | 0 | 1 | 0 | 1 | 1 | 1 | 1 | 0 | 1 | 1 |

※ 데이터 구성의 단위

bit		
quarter	1/4 byte	2 bit
nibble	1/2 byte	4 bit
byte	1 byte	8 bit
word	4 byte	32 bit
double word	8 byte	64 bit
Kilobyte(KB)	1,024 byte	2^{10} byte
Megabyte(MB)	1,024 KB	2^{20} byte
Gigabyte(GB)	1,024 MB	2^{30} byte
Terabyte(TB)	1,024 GB	2^{40} byte
Petabyte(PB)	1,024 TB	2^{50} byte
Exabyte(EB)	1,024 PB	2^{60} byte
Zettabyte(ZB)	1,024 EB	2^{70} byte
Yottabyte(YB)	1,024 ZB	2^{80} byte

2. 디지털 증거의 특징

디지털 증거는 복제가 쉬우며 조작, 변경, 삭제 등이 쉽다. 또한, 매체 독립성을 지니고 형상을 직접 눈으로 볼 수 없는 비가시적이라는 특성 등을 가지고 있다.

가. 매체 독립성

디지털 증거는 아날로그 증거처럼 어떤 형태를 가지는 '유체물'이 아니다. 디지털 정보 자체가 형태를 가지지 않고 있으며 우리는 단지 그 디지털 정보를 보관하는 '용기(容器)'를 맨눈으로 확인할 뿐이다. 만약 그 용기 안에 보관 중인 정보를 확인하기 위해서는 '출력'이라는 별도의 작용을 가해야 한다.

용기 안에 보관 중인 무형의 디지털 정보는 내용의 변경 없이 다른 매체로 복사되어 저장될 수 있고 네트워크를 통하여 전송될 수 있다.

이처럼 디지털 증거는 매체로부터 독립된 존재라고 하여 매체 독립성을 가진다고 한다.

또한, 디지털 증거가 같은 전자적 가치를 가진다면 원본과 사본의 구별은 불가능하다.

나. 비가시성·비가독성(매체의존성)

디지털 증거는 이진수의 신호 체계로 작성되어 보관되기 때문에 그 형상이나 존재를 사람의 맨눈으로 인식할 수 없다. 이를 보기 위해서는 컴퓨터 모니터나 프린트를 이용하여 종이 출력하여 확인할 수 있다. 이처럼 디지털 정보를 증거로 활용하기 위해서는 반드시 일정한 작용이 가해지는 절차를 거쳐야 한다.

우리 형사소송법에서는 직접 육안 확인이 불가능하다는 점에서 디지털 정보를 문서의 범주에 포함해야 하는지 문제가 제기되고 있다. 하지만, 물리적 인식이 가능해야만 이를 문서에 포함하는 것은 아니다. 따라서, 컴퓨터 등을 사용하여 출력하는 행위와 종이로 출력하는 깃은 증거조사의 방법이 다를 뿐이다.

이런 변환절차를 거치는 과정에는 여러 소프트웨어와 장치가 개입되기 때문에 디지털 증거 자체와 출력된 자료와의 동일성 여부가 논란이 될 여지가 있다.

다. 변조·복제 용이성(취약성)

디지털 정보는 특별한 장치나 기술 없이 데이터를 삭제·수정·변경·조작할 수 있다.

비록 디지털 정보를 쉽게 가공한다는 장점이 될 수 있으나 증거법상에서는 위·변조로 인한 증거인멸의 가능성이 크다는 단점이 된다.

디지털 정보에 대한 증거수집, 분석과정에서 각종 소프트웨어 또는 장비를 사용하는 경우 인위적으로 조작하게 되거나 혹은 의도치 않게 시스템 스스로 파일의 변화가 일어나는 경우가 있다.

특히, 데이터베이스와 같은 시스템은 여러 사람이 함께 데이터를 사용하기 때문에 데이터의 생성·수정·삭제가 잦으며 이에 따라 시스템 자체의 자동 삭제, 저장 기능이 발생하는데 이는 증거의 물리적 훼손을 의미한다.

비록 당사자가 의도적으로 훼손하는 것이 아니라 시스템이 자동으로 만들 수 있으므로 이를 명백히 확인해야 할 것이다.

라. 대용량성

사무용으로 주로 사용하는 A4용지는 한쪽에 2,000자 정도가 기록된다. 그렇다면 약 1MB 정도에 저장되는 분량은 500쪽 정도가 될 것이다. 540MB 용량의 CD-ROM에는 약 680권 정도의 책이 저장될 수 있다.

한 사람이 보통 1년에 생산하는 데이터가 800MB 정도라고 하는데 지금 판매되는 128GB USB 메모리를 사용한다면 평생 생산한 데이터를 보관할 수 있다는 계산이 나온다.

디지털 정보는 간단한 조작으로 자료를 분류하거나 정리할 수 있으며 관리에 별다른 비용도 들지 않는다. 또한, 저장된 자료를 검색하는 방법도 어렵지 않다.

그리고 저장 매체 역시 다양한 형태로 만들어져 사용자의 요구에 충실히 반영되고 있다. 사용자는 스마트폰의 사진, 동영상 등을 지속해서 생산하고 이를 다양하고 여러 종류의 저장 매체에 저장하고 있다.

마. 휘발성

컴퓨터 메모리 또는 연결된 네트워크에서 명령을 수행하기 위해서 존재하고 작업이 끝나거나 전원이 끊어지면 사라지는 데이터를 휘발성 데이터라고 한다. 휘발성 데이터는 바로 수집하지 않으면 영원히 수집할 수 없으므로 디지털 증거수집 과정에서 매우 주의해야 한다.

바. 전문성

컴퓨터가 일상에 널리 쓰이고 있지만, 디지털 증거의 수집과 분석은 전문적인 기술이 요구되고 있다. 디지털 정보가 저장되는 원리와 전자적 기술, 필요 프로그램 등이 무엇인지 디지털 정보가 생성될 때 매체에 저장되는 정보는 어디까지인지 등은 전문가의 영역에 해당한다. 예를 들어 저장된 정보에 사용되는 소프트웨어가 무엇인지 정확히 알지 못하면 해당 자료에 접근조차 어려워진다. 최근에는 기술의 비약적 발전에 따라 디지털 정보의 종류가 세분되고 있어 그 전문성은 더욱 심화하고 있다. 디지털 포레식을 통한 디지털 증거의 압수와 분석에는 분석 프로그램이나 도구 등 전문성이 필수적이다. 이러한 문제는 자칫 법정에서 전문성에 대한 신뢰성 등을 문제 삼을 수 있기 때문이다.

사. 초국경성

디지털 정보는 매체와 독립하여 존재할 수 있다는 매체 독립성의 성격에 따라서 네트워크만 연결되어 있다면 이곳저곳 옮겨 다닐 수 있다. 현대의 컴퓨터는 단독으로 사용하는 예전의 고립된 전자계산기 방식이 아니라 인터넷 등으로 연결된 네트워크를 통해 이동할 수 있다. 특히 모바일 기술의 발전으로 많은 정보는 네트워크가 연결된 모바일 기기를 통해 유통되고 있으며 이러한 이동성에 따라 물리적 관할권에 대한 문제가 발생한다.

Chap. 7
디지털 포렌식 법령

---

1. 디지털 증거의 법률적 의의

'Forensic'의 사전적 뜻은 '법과학'이다. 증거를 수집, 분석하여 법정에 제출하면서 과학적 기법으로 분석하고 언제나 객관적인 관점에서 처리하는 것을 내포한다.

특히, 디지털 포렌식은 범죄현장에서 확보한 개인 컴퓨터, 서버 등 전자 장비에 대한 증거를 수집하여 분석하고 보존해서 법정에 제출한 이후 재현의 과정까지 완벽하게 과학적으로 증명되어야 하는 것을 말한다.

디지털 증거에 해당하는 전자적 자료는 단지 우리가 사용하는 컴퓨터 단말기에만 국한되지 않으며 다양한 형태의 전자적 정보 모두를 포함한다.

형사소송법에서 증거능력은 엄격한 증명의 자료로 사용될 수 있는 자격을 말하며, 형식적 객관적으로 결정된다, 증명력은 증거능력이 있는 증거가 구성 요건 사실을 증명할 수 있는 실질적 가치가 있는가를 의미한다. 디지털 증거 관련 용어에는 전자증거와 전자정보가 있다. 전자증거는 컴퓨터 또는 다양한 디지털 저장 매체에 저장되어 있거나 네트워크를 통해 전송 중인 정보로서 법정의 신뢰를 받을 수 있는 증거 가치를 가진 정보를 의미한다.

그리고, 전자정보란 전자적으로 저장된 정보를 의미하며 ESI (Electronically Stored Information)라 표현하기도 한다.

디지털 증거가 될 수 있는 정보는 사용자가 만들어 기록하는 저장 증거, 컴퓨터와 시스템이 스스로 기록하는 생성증거, 전원이 꺼지면 사라지는 휘발성 증거, 전원과 상관없이 저장되는 비휘발성 증거 등이 있다.

가. 형사소송법에서 증거 법칙

형사소송법상에서 요구하는 증명에는 증거능력과 증명력이 있으며, 증거능력이란 엄격한 증명의 자료로 사용될 수 있는 자격을 의미하고, 형식적·객관적으로 결정한다.

증명력이란 증거능력 있는 증거가 구성 요건에 해당하는 사실을 증명할 수 있는 실질적인 가치를 가졌는지를 판사의 주관적 판단대상 (법관의 양심)으로 결정한다.

흔히 이상적인 증명의 구조는 사건과 관련되는 모든 정보를 객관적인 방법으로 최대한 수입한 다음 해당 정보의 신뢰성을 명확하게 평가하고 타당성 있는 경험 법칙과 과학 법칙을 적용하여 논리적으로 추론하여 자유롭게 심증을 형성해야 한다고 한다.

형사소송법 제307조 제2항은 '증명의 기준은 합리적인 의심 없는 증명을 필요로 한다.'라고 규정하며 이는 곧 검사의 '증명책임'에 해당하는 '입증의 책임'과 연관된다.

형사소송법은 제308조에 '증거의 증명력은 법관의 자유판단에 의한다.'라고 규정하고 '자유심증주의'를 채택하고 있다. 따라서 자유심증주의는 법관의 판단을 절대적으로 신뢰한다는 것을 전제로 하고 법관은 과학적·합리적으로 판단할 것이라는 기대가 이 제도의 존재기반(存在基盤)이 된다.

그러나 자유심증주의는 증거의 증명력만을 법관의 자유판단에 맡기는 것이고 증거능력의 판단까지 일임하는 것은 아니다.

그뿐만 아니라, 형사소송법 제308조의2에 '적법한 절차에 따르지 아니하고 수집한 증거는 증거로 할 수 없다'라고 명시하여 위법수집증거에 대한 배제의 법칙을 규정하고 있다.

나. 전문법칙

전문증거는 사실인정의 기초가 되는 경험 사실에 대하여 경험자가 직접 법원에 진술하지 않고 '다른 사람을 통해서' 또는, '조서', '진술조서', '녹음테이프' 등을 통하여 법원에 제출하는 증거 또는 사람의 법정 외 진술에 관한 증거로서 그 진술의 내용이 진실함을 증명하기 위하여 제출되는 것을 의미한다.

「형사소송법 제310조의2(전문증거와 증거능력의 제한), "제311조(법원 또는 법관의 조서) 또는 제316조(전문의 진술)에 규정한 것 외, 공판 준비 또는 공판기일에서 한 진술에 대신하여 진술을 기재한 서류나 공판 준비 또는 공판기일 외에서의 타인의 진술을 내용으로 하는 진술은 이를 증거로 할 수 없다.」

전문증거가 증거능력에서 배제되는 근거는 다음과 같다. 원진술자의 잘못된 기억, 원진술자의 진술을 잘못 알아들을 수 있는 위험성, 애매하거나 이해하기 어려운 원진술자의 표현을 잘못 해석할 가능성, 원진술자의 진술을 왜곡할 위험성을 줄임. 전문증거 배제의 필요성에는 신뢰성 부족, 진술 당시 태도 관찰기회 차단, 반대신문 기회의 결여(반대신문을 통해 진술자의 신용성 부족을 파악할 수 있음)가 있다.

전문법칙의 예외를 보면 실체적 진실발견을 위하여 '전문증거의 필요성(원진술자에게 같은 내용의 진술을 요구하는 것이 불가능하거나 곤란한 경우)', '신용성의 정황적 보장이 인정되는 상황(진술의 진실성을 담보할 만한 구체적이고 외부적인 정황이 있음)', '반대 신문권이 무의미하거나 보장된 경우(배제의 필요성이 소멸)', 전문법칙 자체가 이상적인 증명구조의 예외적 조치인 경우가 있다.

PART 2

파일 시스템 분석

Chap. 1
파일 시스템

1. 파일 시스템의 이해

　　파일 시스템은 컴퓨터의 운영체제가 정보를 저장하고 검색하는 방법을 체계적으로 구성하여 보관하는 방법이다. 보통의 경우 하드디스크 등과 같은 물리적 저장장치를 사용하여 관리하는 것을 의미한다. 하지만, 서버와 클라이언트 사이에도 자료 접근방식과 가상으로 접근 수단만이 존재하는 방식도 파일 시스템에 포함된다.

　　간단하게 한마디로 요약하면, 운영체제가 저장 공간에 저장 중인 파일 또는 폴더 등을 가장 효율적으로 관리하며 읽고 쓰는 행위를 하는 방법이다.

　　따라서, 파일을 생성하여 저장하기 위해서 저장 매체의 비어있는 공간을 찾아 효과적으로 작업을 수행할 수 있도록 한다.

파일 구조는 데이터를 효율적으로 이용할 수 있도록 파일에 저장하는 방법으로 데이터의 관계(relation)를 구성하는 레코드는 보통 하나의 파일로 존재하고 디스크 블록에 저장되는 구조이다.

블록은 디스크의 물리적 속성으로 운영체제가 결정해서 크기를 고정하지만, 레코드의 크기는 가변적이다.

레코드는 고정 또는 가변 길이의 필드로 구성된다. 실제 파일에 속하는 블록들은 반드시 물리적으로 인접해 있지 않으며 인접한 블록들을 읽는 경우 탐색시간 등이 필요하지 않기 때문에 입·출력 속도가 빠르다. 그래서, 필요하다면 블록들이 인접하도록 구성하는 것이 좋다.

파일은 아래와 같은 추상적 구조로 생성되며 사용자가 직접 작성하여 저장하는 데이터는 '데이터 영역'에 저장되고, 파일의 속성 정보, 즉 파일 형식, 연결 프로그램, 위치, 크기, 디스크 할당 크기, 만든 날짜, 수정한 날짜, 액세스한 날짜 등은 컴퓨터가 자동으로 생성하여 저장하는 데이터는 '메타 데이터 영역'에 저장된다.

[그림 2.1] 파일의 기본 구조

META DATE AREA	DATA AREA

그림 2.1의 구조와 같이 실제 디지털 포렌식 업무에서 중요한 것은 데이터 영역에 보관 중인 사용자가 생성한 '저장 데이터'도 중요하지만, 컴퓨터 스스로 파일에 대한 속성의 정보를 생성한 미터 영역의 '생성 데이터'도 상당히 중요하며 이는 추후, 전문증거와도 밀접한 연관을 가진다.

데이터의 계층 구조는 필드, 레코드, 파일, 데이터베이스로 구성된다.

- 필드(field) : 서로 연관을 가진 문자들의 집합(영문자, 숫자, 특수기

로 등)
- 레코드(record) : 서로 연관 있는 필드들이 집합
- 파일(file) : 서로 연관 있는 레코드들의 집합
- 데이터베이스(database) : 서로 연관 있는 파일들의 집합

2. 파일 시스템의 기능

파일 시스템은 사용자와 다른 소프트웨어에 서비스를 제공하는 시스템 소프트웨어이며 사용자는 파일 관리 시스템으로 아래와 같은 기능으로 파일에 액세스한다.
- 사용자는 파일의 생성(create), 수정(modify), 삭제(delete)할 수 있다.
- 다양한 형태의 저장 매체에서 입·출력을 지원하고 보조 메모리 장치에 저장할 공간을 할당한다.
- 저장된 파일의 정보가 손상되지 않도록 무결성을 보장한다.
- 저장된 파일의 읽기, 쓰기, 실행하고 다양한 형태로 조합하여 액세스 제어 방법을 제공한다.
- 사용자와 장치 사이에 독립성을 유지하기 위하여 기호화된 이름을 제공한다.
- 데이터의 멸실, 훼손되는 것을 방지하여 백업(backup)과 복구(recovery)할 수 있는 기능을 가진다.
- 데이터를 안전하게 보호하고 비밀을 보장하기 위하여 암호화(encryption)와 복호화(decryption)한다.

3. 파일 시스템의 구조 이해

가. 주소지정방식(Addressing)

저장 매체는 데이터 최소 저장단위인 섹터(sector)를 사용하며 일반적인 섹터의 크기는 512byte이다. 이러한 섹터들이 하드디스크의 물리적 구조 안에서 존재하는데 특정한 파일을 읽기 위해서는 섹터를 읽어야 한다.

하나의 섹터는 고유의 주솟값을 가지고 있어 해당 주소로 접근해서 섹터를 읽으면 된다.

하드디스크의 주소지정방식은 초기 CHS(Cylinder-Head-Sector) 방식을 사용하였으나 이후 LBA(Logical Block Addresses) 방식으로 바뀌게 된다.

CHS는 실린더, 헤드, 섹터를 의미하며 디스크의 물리적인 구조에 기반한 주소지정 방식이다. CHS 방식은 초기 ATA(AT Attachment) 표준이 정의한 주소지정 비트와 BIOS가 지원하는 주소지정 비트의 차이 때문에 최대 504MB 크기까지만 주소지정을 하였으나, 이후 디스크 크기가 커지면서 BIOS의 주소지정 비트 수를 확장했으나, 8.1GB까지 주소지정이 가능했기 때문에 대용량 디스크를 지원하지 못했다.

CHS 주소지정 방식은 결국 ATA-6부터 표준에서 제외되면서 LBA 주소지정 방식이 새롭게 등장하였다.

LBA 주소지정 방식은 CHS 방식과 달리 하드디스크의 물리적인 구조를 고려하지 않고 디스크의 '0번 실린더', '0번 헤드', '1번 섹터'를 0번으로 정해서 디스크의 마지막 섹터까지 순차적으로 주소를 지정하는 방식이다. 따라서 LBA 방식을 사용하면 관련 소프트웨어는 물리적 구조의 정보 없이 접근하려는 섹터의 번호만으로 간단하게 접근할 수 있다.

나. 클러스터(Cluster)

하드디스크의 물리적 최소 단위는 섹터이며 읽고 쓰기 작업은 모두 섹터 단위에서 이루어진다. 하지만, 큰 파일의 경우 섹터 단위만으로 입·출력을 처리하게 된다면 많은 시간을 요구하게 될 것이다. 이를 보완하기 위하여 여러 개의 섹터를 묶어 한꺼번에 처리하는 단위를 클러스터라 한다.

그림 2.2는 클러스터 크기를 4,096byte(4KB)로 지정하였고 100byte의 데이터를 저장했을 때 클러스터 크기만큼 할당된 것을 볼 수 있다.

실제로 파일을 만들어 파일 속성을 살펴보면 100byte 크기의 파일이지만 디스크 할당 크기는 4KB인 것을 확인할 수 있다.

[그림 2.2] 클러스터의 구조

그럼 나머지 3,996byte 공간은 낭비가 되는 영역인데 이러한 낭비 공간이 생겨도 클러스터 단위를 사용하는 이유는 디스크의 입·출력의 횟수를 줄이기 위해서이다.

예를 들어 4MB의 파일을 저장할 때 4KB 크기의 클러스터를 사용한다면 1,024번의 입출력 명령만 수행하지만 512byte를 사용했다면 8,192번의 입출력 명령을 수행해야 한다.

[그림 2.3] 클러스터 크기 지정

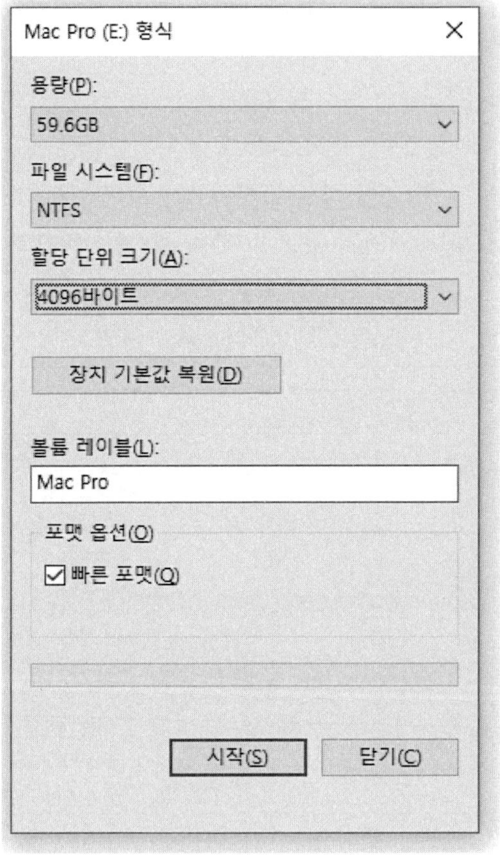

Mac Pro (E:) 형식 ×

용량(P):
59.6GB

파일 시스템(F):
NTFS

할당 단위 크기(A):
4096바이트

장치 기본값 복원(D)

볼륨 레이블(L):
Mac Pro

포맷 옵션(O)
☑ 빠른 포맷(Q)

시작(S)   닫기(C)

그림 2.3은 윈도 시스템에서 디스크 포맷을 할 때 크기를 지정하는 설정 창이다. 보통 클러스터의 크기를 임의로 지정할 수 있으나 컴퓨터가 지정한 기본 할당 크기를 선택한다면 그림 2.4와 같이 볼륨 크기에 따라 미리 정의된 클러스터 크기로 할당된다.

[그림 2.4]

볼륨 크기	Windows NT 3.51	Windows NT 4.0	Windows 7, Windows Server 2008 R2, Windows Server 2008, Windows Vista, Windows Server 2003, Windows XP, Windows 2000
7MB-512 MB	512 바이트	4 KB	4 KB
512MB-1GB	1KB	4 KB	4 KB
1GB-2GB	2 KB	4 KB	4 KB
2GB-2TB	4 KB	4 KB	4 KB
2TB-16 TB	미지원*	미지원*	4 KB
16TB-32 테라바이트	미지원*	미지원*	8 KB
32 TB – 64 TB	미지원*	미지원*	16 KB
64 TB – 128 TB	미지원*	미지원*	32KB
테라바이트 128-256 TB	미지원*	미지원*	64 KB
> 256 TB	미지원*	미지원*	미지원*

참고: 별표 (*)는 마스터 부트 레코드 (MBR)의 제한으로 인해 지원 되지 않음을 의미 합니다.

[그림 2.5] 기본 클러스터 크기

Fat 16에 대한 기본 클러스터 크기

다음 표는 FAT16에 대한 기본 클러스터 크기를 설명합니다.

볼륨 크기	Windows NT 3.51	Windows NT 4.0	Windows 7, Windows Server 2008 R2, Windows Server 2008, Windows Vista, Windows Server 2003, Windows XP, Windows 2000
MB 7-8 MB	지원 되지 않음	지원 되지 않음	지원 되지 않음
8MB-32MB	512 바이트	512 바이트	512 바이트
32 MB-64 MB	1KB	1KB	1KB
64MB-128MB	2 KB	2 KB	2 KB
128-256 MB	4 KB	4 KB	4 KB
256MB-512 MB	8 KB	8 KB	8 KB
512MB-1GB	16 KB	16 KB	16 KB
1GB-2GB	32KB	32KB	32KB
2 GB-4 GB	64 KB	64 KB	64 KB
4 GB-8GB	지원 되지 않음	128 KB *	지원 되지 않음
8 GB-16GB	지원 되지 않음	256 KB *	지원 되지 않음
> 16GB	지원 되지 않음	지원 되지 않음	지원 되지 않음

참고: 별표 (*) 미디어 섹터 크기가 512 바이트 보다 큰 경우에 사용할 수 있다는 것을 의미 합니다.

출처 : microsoft.com

[그림 2.6]

ExFAT에 대 한 기본 클러스터 크기

다음 표에서 exFAT에 대 한 기본 클러스터 크기를 설명합니다.

볼륨 크기	Windows 7, Windows Server 2008 R2, Windows Server 2008, Windows Vista, Windows Server 2003 (영문)
7MB-256 MB	4 KB
256MB-32GB	32KB
32GB-256 TB	128 KB
> 256 TB	지원 되지 않음

[그림 2.7]

Fat 32에 대 한 기본 클러스터 크기

다음 표에서 fat 32에 대 한 기본 클러스터 크기를 설명합니다.

볼륨 크기	Windows NT 3.51	Windows NT 4.0	Windows 7, Windows Server 2008 R2, Windows Server 2008, Windows Vista, Windows Server 2003, Windows XP, Windows 2000
7MB – 16 MB	지원 되지 않음	지원 되지 않음	지원 되지 않음
16MB-32MB	512 바이트	512 바이트	지원 되지 않음
32 MB-64 MB	512 바이트	512 바이트	512 바이트
64MB-128MB	1KB	1KB	1KB
128-256 MB	2 KB	2 KB	2 KB
256MB – 8 GB	4 KB	4 KB	4 KB
8GB–16GB	8 KB	8 KB	8 KB
16GB–32GB	16 KB	16 KB	16 KB
32GB–2TB	32KB	지원 되지 않음	지원 되지 않음
> 2TB	지원 되지 않음	지원 되지 않음	지원 되지 않음

다. 슬랙 공간(Slack Space)

슬랙 공간은 물리적인 저장 공간과 논리 데이터의 틈이라 정의할 수 있으며 파일이 할당한 물리적 공간을 논리적으로 사용할 수 없는 비어있는 공간을 슬랙 공간이라 한다. 슬랙 공간은 크게 램 슬랙(RAM Slack), 파일 슬랙(File Slack), 파일 시스템 슬랙(File System Slack), 볼륨 슬랙(Volume Slack)이 있다.

이러한 슬랙 공간에 스테가노그래피 등 정보를 은닉할 수 있으며 파일 복구와 삭제 파일의 흔적이 남아 있어 디지털 포렌식 관점에서 항상 주의해야 한다.

[그림 2.8] 슬랙 공간

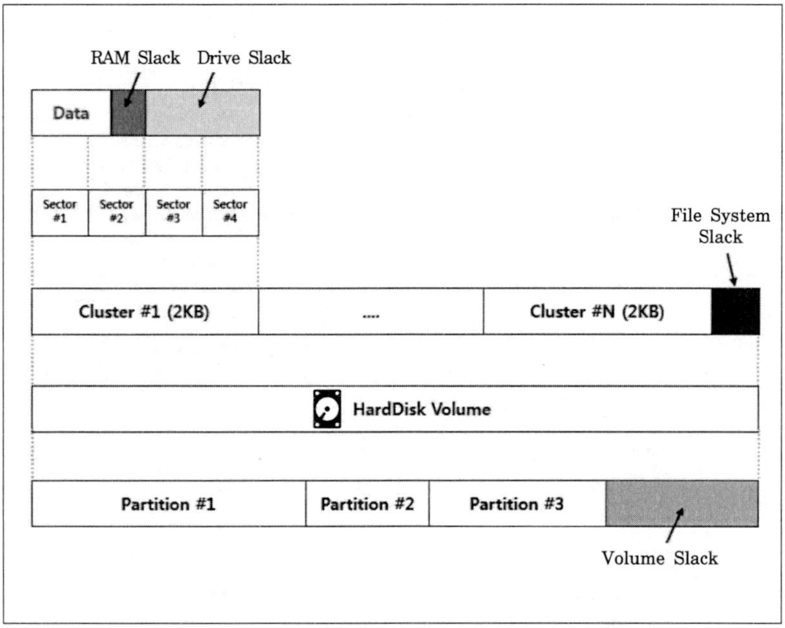

1) 램 슬랙(RAM Slack)

램 슬랙은 메모리(RAM)에 데이터가 저장될 때 512byte 즉, 1 섹터 단위로 저장되기 때문에 남는 공간으로 섹터 슬랙(Sector Slack)이라고도 한다.

위 클러스터 구조 그림과 같이 저장되는 파일의 크기가 512byte의 배수가 아니면 램 슬랙 공간이 발생한다. 램 슬랙은 메모리 관리 정책으로 인해 0x00의 값(8bit 즉, 1byte)으로 기록한다. 가령, 1,500byte의 데이터를 기록할 때 3개의 섹터(512byte×3)가 사용되는데 기록되고 남은 36byte는 0x00의 값으로 채워진다.

일반적으로 파일의 크기는 천차만별이고 섹터로 저장해야 하는 특성에 따라 거의 모든 파일은 램 슬랙을 가지고 있다. 디지털 포렌식 실무에서 램 슬랙을 확인한 다음 파일의 끝을 알아내어 삭제된 파일이 있을 때 복구에 사용한다.

2) 드라이브 슬랙(Drive Slack)

하나의 클러스터(512byte)의 사용으로 인해 낭비되는 공간 중 램 슬랙 공간을 제외한 나머지 부분을 말하며, 파일 슬랙(File Slack)이라도 한다. 위 클러스터 구조 그림과 같이 512byte보다 작은 데이터가 기록될 때 섹터 하나만 사용하고 나머지 3개는 사용하지 않는데 이 영역을 드라이브 슬랙이라고 한다.

드라이브 슬랙은 0x00으로 기록되는 램 슬랙과 달리 슬랙 공간에 이전 데이터가 그대로 남아 있고 만약 누군가가 악의적인 행동을 하기 위해서 악성코드를 심어놓을 수도 있다.

3) 파일 시스템 슬랙(File System Slack)

파일 시스템의 크기는 파일 시스템이 생성될 때 결정한다. 하지만,

파일 시스템은 클러스터 크기의 배수만큼 사용하기 때문에 파일 시스템 끝단에 남는 공간이 생기는데 이렇게 파일 시스템 할당 크기와 볼륨 크기의 틈으로 발생하는 공간을 파일 시스템 슬랙이라 한다.

[그림 2.9] 파일 시스템 슬랙

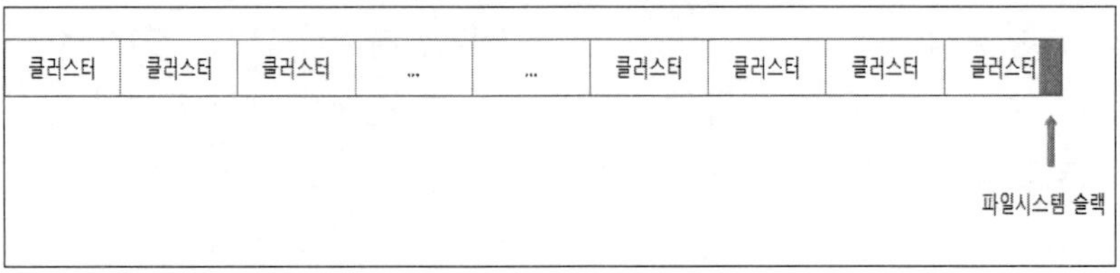

4) 볼륨 슬랙(Volume Slack)

볼륨 슬랙은 전체 볼륨 크기와 할당된 파티션 크기의 틈으로 발생하는 공간이다. 볼륨 슬랙은 다른 슬랙과 다르게 파티션 크기의 변경을 통해 임의로 생성할 수 있다.

[그림 2.10] 볼륨 슬랙

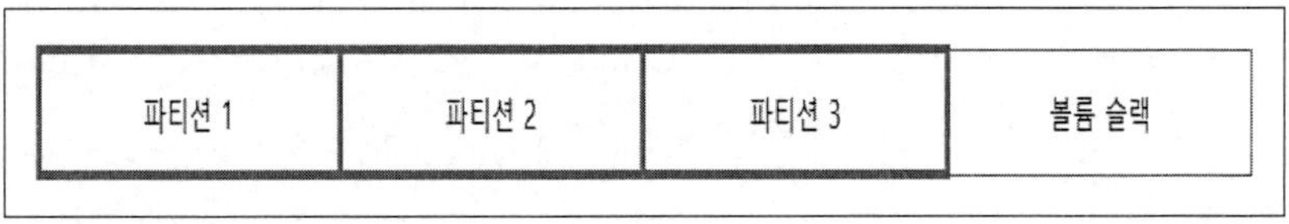

Chap. 2
파일 시스템의 종류

1. FAT(File Allocation Table)

FAT는 '가장 간단한 구조 만들어진 파일 시스템'이라 설명할 수 있으며 이러한 이유로 많은 운영체제에서 사용하고 있다.

FAT 종류를 살펴보면, FAT12, FAT16, FAT32, FATX, exFAT, Turbo FAT, TFAT/Tex FAT 등이 있다. FTA 뒤에 붙은 숫자는 최대 표현할 수 있는 클러스터의 수를 비트 수로 나타낸다.

[표 2.1] FAT 파일 시스템의 클러스터 최대 개수

파일 시스템	클러스터 최대 개수
FAT12	4,084 (2^{12}–12)
FAT16	65,524 (2^{16}–12)
FAT32	67,092,481 (2^{28}–12)

FAT12는 최대 2^{12}개의 클러스터를 표현하므로 최대 4,096개의 클러스터를 표현할 수 있다. 하지만, 예약된 12개의 클러스터가 존재하기 때문에 최대 4,084개의 클러스터를 표현한다.

[그림 2.11] FAT 파일 시스템 구조

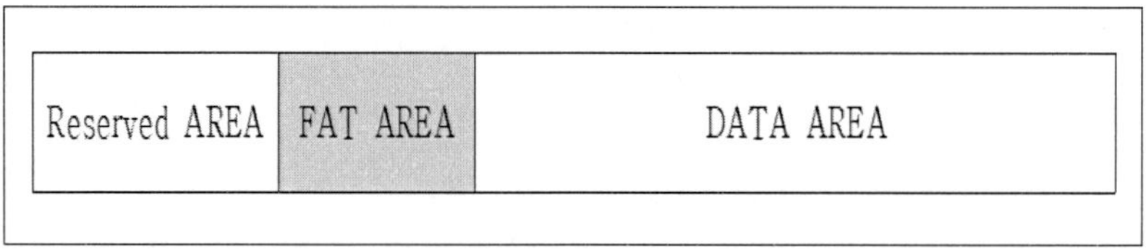

Reserved AREA	FAT AREA	DATA AREA

FAT는 그림 2.11과 같이 3개의 물리적 구역을 가지고 있다. 첫 번째 Reserved Area(예약된 영역)는 부트 섹터, 파일 시스템 정보 (FSINFO:File System INFOmation) 등 파일 시스템의 범주 데이터를 포함한다. 두 번째 FAT 영역은 주 FAT 그리고 백업 FAT 구조체를 포함하고 예약된 영역 다음 섹터에서 시작하고 그 크기는 FAT 구조체 수와 크기에 기반을 두고 계산한다. 마지막 세 번째 DATA 영역은 파일과 실제 데이터가 저장하는 클러스터를 포함하고 있다.

가. 부트 섹터 영역

부트 섹터는 FAT 파일 시스템의 첫 번째 섹터이고 여러 가지 파일 시스템의 범주 데이터가 이곳에 존재한다. 부트 섹터에는 먼저 BPB(BIOS Parameter Block)를 지나 부트 코드로 점프할 수 있는 명령어가 있다. 그림 2.12는 실제 FAT32의 부트 섹터를 덤프한 결과이다.

[그림 2.12]　FAT32 부트 섹터 구조

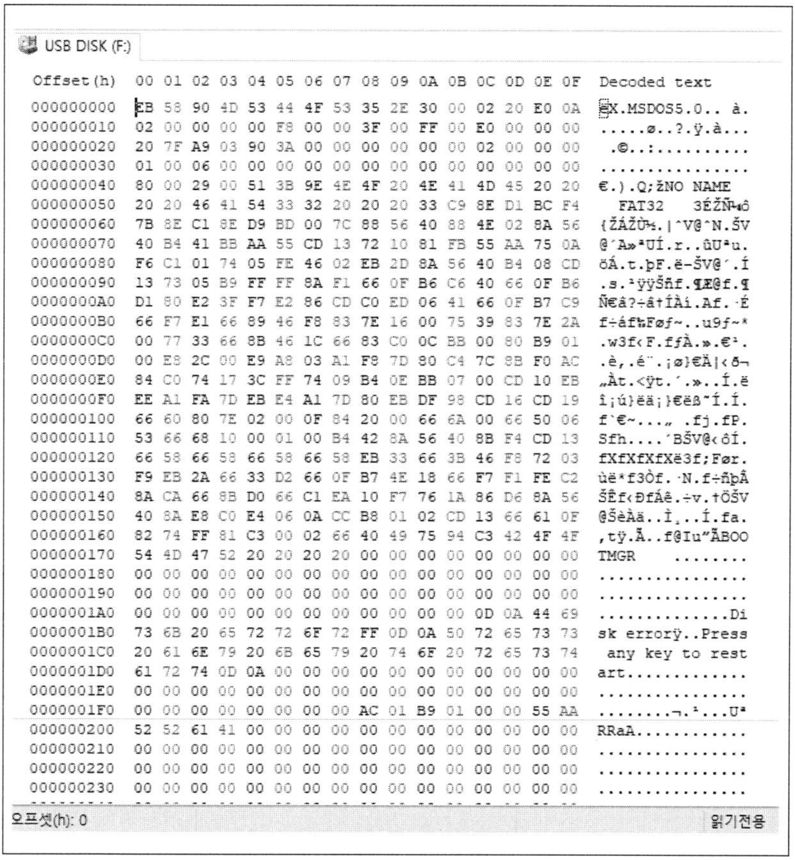

부트 섹터는 FAT 파일 시스템의 첫 섹터에 있으며 여러 파일 시스템의 범주 데이터가 여기에 존재한다.

FTA12/16과 FAT32는 부트 섹터가 서로 다르지만, 초기 36byte는 같다. 표 2.2는 파일 시스템 첫 36byte에 대한 데이터 구조체를 보여 준다.

[표 2.2] FAT 부트 섹터의 공통 데이터 구조

바이트 offset		설명
10진수	16진수	
0~2	0x0000~0x0002	부트 코드로 점프 명령어
3~10	0x0003~0x000A	OEM ID (ASCII) Win95=MSWIN4.0, Win98=MSWIN4.1, Win2K/XP/ Vista=MSDO5.0, Linux=mkdosfs
11~12	0x000B~0x000C	섹터 당 byte 수
13~13	0x000D~0x000D	클러스터 당 byte 수
14~15	0x000E~0x000F	예약된 영역의 섹터 크기
16~16	0x0010~0x0010	FAT 영역의 개수
17~18	0x0011~0x0012	루트 디렉터리에 있을 수 있는 최대 파일 개수 (FAT12/16=512, FAT32=0)
19~20	0x0013~0x0014	파일 시스템에 있는 섹터 개수를 2byte로 나타낸다. 2byte로 표현할 수 있는 값보다 실제 섹터 수가 크면 데이터 구조체 마지막에 4byte 값이 존재하여 섹터 수를 저장한다. 이때 값은 0이 된다.
21~21	0x0015~0x0015	Media type
22~23	0x0016~0x0017	FAT12/16 'FAT 영역'의 섹터 수를 나타내며, FAT32에서는 0이 된다.

24~25	0x0018~0x0019	Sector per track
26~27	0x001A~0x001B	Number of heads
28~31	0x001C~0x001F	Hidden sectors
32~35	0x0020~0x0023	Total sector 32

부트 섹터의 첫 번째 값 byte 0~2는 운영체제가 부팅하기 위한 필수 코드를 어디서 찾을 수 있는지 알려주는 부트 코드 명령어이다.

[표 2.3] FAT12/16 부트 섹터의 나머지 데이터 구조

바이트 offset		설명
10진수	16진수	
36~36	0x0024~0x0024	BIOS INT 0x13 드라이브 번호
37~37	0x0025~0x0025	사용되지 않음
38~38	0x0026~0x0026	부트 시그니처 값은 0x29
39~42	0x0027~0x002A	Volume serial number
43~53	0x002B~0x0035	Volume lable(ASCII)
54~61	0x0036~0x003D	File system type
62~509	0x003E~0x01FD	부트 코드와 에러 메시지
510~511	0x01FE~0x01FF	Signature (0xAA55)

FAT12/16과 FAT32 부트 섹터의 차이점은 FAT32 섹터가 파일 시스템을 더 확장하고 유연하게 만드는 데이터를 포함하는 것이다.

[표 2.4] FAT32 부트 섹터의 나머지 데이터 구조

바이트 offset		설명
10진수	16진수	
36~39	0x0024~0x0027	FAT 영역의 섹터 수
40~41	0x0028~0x0029	Ext flags
42~43	0x002A~0x002B	FAT32 버전 번호
44~47	0x002C~0x002F	루트 디렉터리가 있는 클러스터 위치
48~49	0x0030~0x0031	파일 시스템 정보 (FSINFO offset)
50~51	0x0032~0x0033	부트 섹터 사본의 섹터 위치(기본값 6)
52~63	0x0034~0x003F	예약됨
64~64	0x0040~0x0040	BIOS INT 0x13 드라이브 번호
65~65	0x0041~0x0041	사용되지 않음
66~66	0x0042~0x0042	부트 시그니처 값은 0x29
67~70	0x0043~0x0046	Volume serial number
71~81	0x0047~0x0051	Volume label (ASCII)
82~89	0x0052~0x0059	File system type
90~509	0x0060~0x01FD	부트 코드와 에러 메시지
510~511	0x01FE~0x01FF	Signature (0xAA55)

나. FAT32 FSINFO 영역

FAT32 파일 시스템에는 FSINFO 구조체가 있으며 해당 구조체에는 운영체제가 새로운 클러스터를 어디에 할당할 것인지를 설명하고 있다. 그림 2.13은 FSINFO 구조체를 가진 1번 섹터를 덤프한 결과이며 해당 구조체는 부트 섹터에 위치하고 그 구조는 표 2.5와 같다.

[그림 2.13] FAT32의 FSINFO 구조체 섹터 덤프

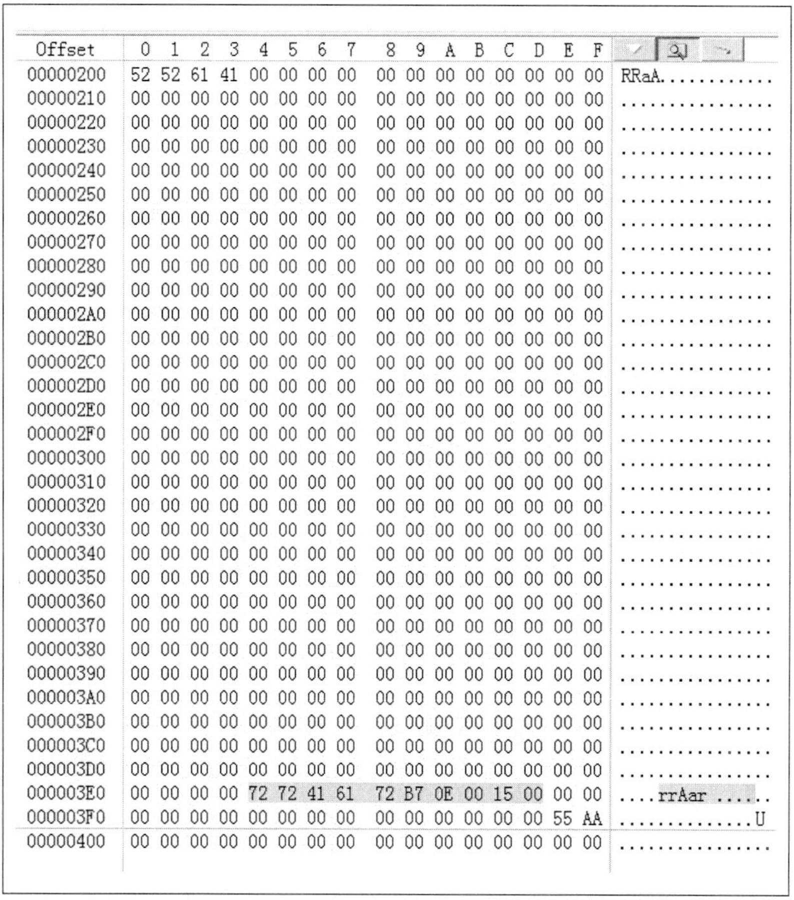

```
 Offset   0  1  2  3  4  5  6  7   8  9  A  B  C  D  E  F
00000200  52 52 61 41 00 00 00 00  00 00 00 00 00 00 00 00   RRaA............
00000210  00 00 00 00 00 00 00 00  00 00 00 00 00 00 00 00   ................
00000220  00 00 00 00 00 00 00 00  00 00 00 00 00 00 00 00   ................
00000230  00 00 00 00 00 00 00 00  00 00 00 00 00 00 00 00   ................
00000240  00 00 00 00 00 00 00 00  00 00 00 00 00 00 00 00   ................
00000250  00 00 00 00 00 00 00 00  00 00 00 00 00 00 00 00   ................
00000260  00 00 00 00 00 00 00 00  00 00 00 00 00 00 00 00   ................
00000270  00 00 00 00 00 00 00 00  00 00 00 00 00 00 00 00   ................
00000280  00 00 00 00 00 00 00 00  00 00 00 00 00 00 00 00   ................
00000290  00 00 00 00 00 00 00 00  00 00 00 00 00 00 00 00   ................
000002A0  00 00 00 00 00 00 00 00  00 00 00 00 00 00 00 00   ................
000002B0  00 00 00 00 00 00 00 00  00 00 00 00 00 00 00 00   ................
000002C0  00 00 00 00 00 00 00 00  00 00 00 00 00 00 00 00   ................
000002D0  00 00 00 00 00 00 00 00  00 00 00 00 00 00 00 00   ................
000002E0  00 00 00 00 00 00 00 00  00 00 00 00 00 00 00 00   ................
000002F0  00 00 00 00 00 00 00 00  00 00 00 00 00 00 00 00   ................
00000300  00 00 00 00 00 00 00 00  00 00 00 00 00 00 00 00   ................
00000310  00 00 00 00 00 00 00 00  00 00 00 00 00 00 00 00   ................
00000320  00 00 00 00 00 00 00 00  00 00 00 00 00 00 00 00   ................
00000330  00 00 00 00 00 00 00 00  00 00 00 00 00 00 00 00   ................
00000340  00 00 00 00 00 00 00 00  00 00 00 00 00 00 00 00   ................
00000350  00 00 00 00 00 00 00 00  00 00 00 00 00 00 00 00   ................
00000360  00 00 00 00 00 00 00 00  00 00 00 00 00 00 00 00   ................
00000370  00 00 00 00 00 00 00 00  00 00 00 00 00 00 00 00   ................
00000380  00 00 00 00 00 00 00 00  00 00 00 00 00 00 00 00   ................
00000390  00 00 00 00 00 00 00 00  00 00 00 00 00 00 00 00   ................
000003A0  00 00 00 00 00 00 00 00  00 00 00 00 00 00 00 00   ................
000003B0  00 00 00 00 00 00 00 00  00 00 00 00 00 00 00 00   ................
000003C0  00 00 00 00 00 00 00 00  00 00 00 00 00 00 00 00   ................
000003D0  00 00 00 00 00 00 00 00  00 00 00 00 00 00 00 00   ................
000003E0  00 00 00 00 72 72 41 61  72 B7 0E 00 15 00 00 00   ....rrAar.....
000003F0  00 00 00 00 00 00 00 00  00 00 00 00 00 00 55 AA   ..............U
00000400  00 00 00 00 00 00 00 00  00 00 00 00 00 00 00 00   ................
```

[표 2.5] FAT32의 FSINFO 구조체 영역의 데이터 구조

바이트 offset		설명
10진수	16진수	
0~3	0x0000~0x0003	Signature (0x41615252)
4~483	0x0004~0x01E3	Not used

484~487	0x01E4~0x01E7	Signature (0x61417272)
488~491	0x01E8~0x01EB	여유 클러스터 개수
492~495	0x01EC~0x01EF	다음 여유 클러스터
496~509	0x01F0~0x01FD	Not used
510~511	0x01FE~0x01FF	Signature (0x55AA)

표 2.5의 FSINFO 값 가운데 필요한 것은 없으며 그것들은 운영체제의 필요로 존재할 뿐이다. 또한, 이 구조체 값들은 업데이트되지 않기 때문에 계속 유효하다.

다. FAT 영역

FAT는 FAT 파일 시스템에서 중요한 역할을 담당하고 두 가지의 사용 목적을 가진다. 첫 번째 클러스터의 할당 상태를 판단하고, 두 번째 파일이나 디렉터리 다음으로 할당되는 클러스터를 찾는 데 사용한다.

FAT 영역은 예약 영역 바로 다음에 위치하며, 일반적으로 두 개의 FAT 영역(FAT1, FAT2)이 존재하는데, FAT2는 FAT1의 사본이고, 만약을 대비하여 백업한 것이다.

각 엔트리 크기는 파일 시스템 버전 별로 다르게 나타난다. FAT12는 12bit 엔트리, FAT16은 16bit 엔트리, FAT32는 32bit 엔트리를 가지며 데이터 영역의 시작 클러스터부터 마지막 클러스터까지 할당 상태를 나타낸다.

그림 2.14는 FAT32에서 FAT 영역의 첫 번째 섹터 내용을 설명하고 있으며, 각 4byte는 'FAT Entry'라 하며 FAT Entry 0, 1번은 저장 매체의 종류와 파티션 상태 표현을 위해서 예약되어 있다. 따라서 FAT Entry 2번부터 데이터 영역의 클러스터와 대응된다. 데이터 영역의 시

작 클러스터 번호는 2번이기 때문에 해당 클러스터의 상태가 4byte로
표현된다.

[그림 2.14] FAT 영역 구조

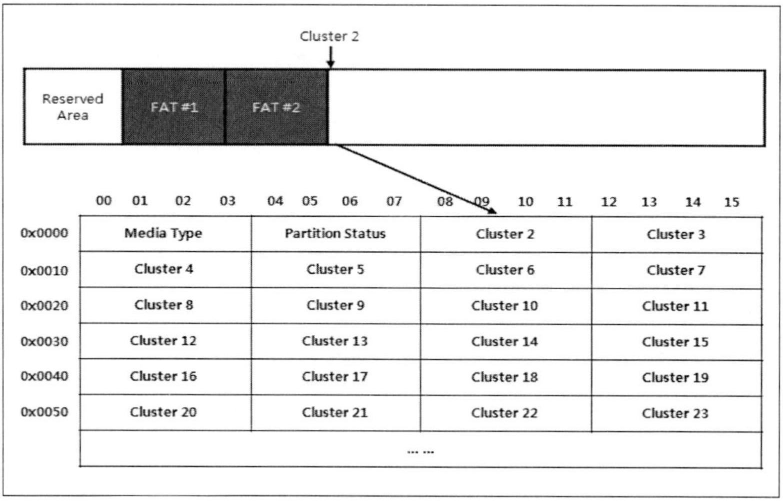

FAT Entry 값은 파일 시스템에서 데이터 영역의 각 클러스터가 사
용하는가를 나타내고 특정 파일이 점유하고 있는 클러스터의 위치를
보여준다.

- 비할당 상태일 경우의 값은 '0x00'이다. 따라서 운영체제는 새로
  운 파일 또는 디렉터리를 저장하려면 FAT 영역에서 FAT Entry
  값이 0x00인 클러스터를 찾아 할당한다.
- 할당 상태라면, FAT Entry의 값은 그 클러스터를 점유하는 파일
  의 다음 데이터가 있는 클러스터를 가리킨다. 파일의 마지막 데
  이터가 있는 클러스터에서 마지막을 표시하는 특정 값을 사용한
  다. FAT12는 '0xFF8'보다 큰 값을 사용하고 FAT16은 '0xFFF8'
  보다 큰 값을 사용하며, FAT32는 '0x0FFF FFF8'보다 큰 값을
  사용한다.

- 만약 배드 섹터가 포함된 클러스터를 발견했다면 FAT12는 '0xFF7', FAT16은 '0xFFF7', FAT32는 '0x0FFF FFF7' 값을 사용하여 표시한다. 표시된 클러스터는 이후에 사용되지 않는다.

라. 데이터 영역

대부분의 파일 시스템은 디렉터리 표현을 위하여 트리 구조를 사용하고 있다. FAT 파일 시스템 역시 트리 형태로 표현하고 가장 중요한 요소를 최상위 루트 디렉터리로 둔다.

FAT12/16은 루트 디렉터리가 FAT 영역 바로 뒤, 데이터 영역의 제일 앞부분에 위치한다. 따라서 루트 디렉터리의 시작은 FAT Entry 2번에 해당하고, FAT12/16은 루트 디렉터리를 위해 최대 32개 섹터인 16,384byte 크기의 영역을 사용한다.

디렉터리 엔트리 크기가 32byte이기 때문에 FAT12/16에서는 최대 512개의 엔터리를 나타내며 루트 디렉터리 안에서 파일 또는 디렉터리를 최대 512개까지 생성할 수 있다.

FAT32에서 루트 디렉터리는 FAT 영역의 바로 다음이 아닌 데이터 영역 어디에서나 올 수 있으나 만약, 특별한 설정을 하지 않았다면 FAT12/16과 같이 FAT Entry 2번에 위치한다. 그리고, 특별한 설정을 했을 경우 부트 섹터의 오프셋 44~47(루트 디렉터리가 있는 클러스터 위치) 값을 통해 루트 디렉터리의 위치를 찾을 수 있다. 그리고 FAT32에서는 루트 디렉터리에 만들 수 있는 파일 및 디렉터리의 개수 제한이 없어졌다.

데이터 영역에 저장되는 데이터는 크게 디렉터리와 파일로 나눌 수 있다. 디렉터리는 디렉터리 내부에 포함되는 하위 디렉터리 및 파일의 이름, 확장자, 시간 정보, 크기 등을 표현하기 위해 디렉터리 엔트리라는 구조를 사용한다. 파일은 해당 파일의 형식에 따라 실제 데이터가

저장된다. 그림 2.15는 디렉터리 엔트리의 구조로 파일의 이름, 확장
자, 속성, 시간 정보, 시작 클러스터 위치, 파일 크기 등의 정보가 포함
된다.

[그림 2.15] Directory Entry 구조

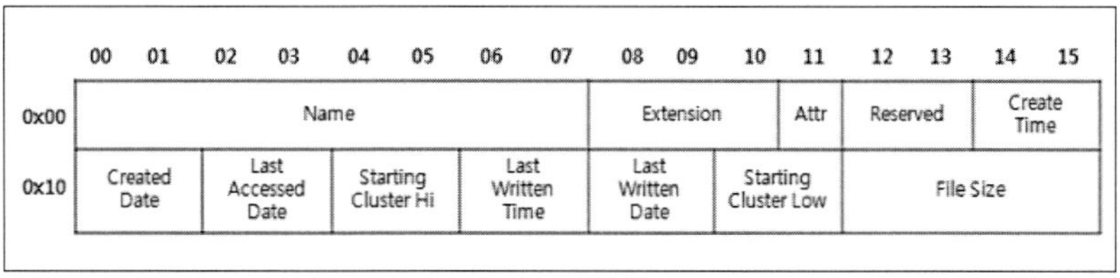

	00 01	02 03	04 05	06 07	08 09	10 11	12 13	14 15
0x00	Name				Extension	Attr	Reserved	Create Time
0x10	Created Date	Last Accessed Date	Starting Cluster Hi	Last Written Time	Last Written Date	Starting Cluster Low	File Size	

2. NTFS(New Technology File System)

NTFS는 마이크로소프트사에서 설계하였으며 서버용 윈도NT 계열
운영체제의 파일 시스템으로 윈도2000, XP, 서버 2003, 2008, 윈도 비
스타, 윈도7, 윈도 서버 2008 R2, 윈도8, 윈도 서버 2012, 윈도 8.1, 윈
도 서버 2012 R2 등에서 사용한다.

NTFS에는 많은 특징을 가지고 있는데 확장성이 뛰어나기 때문에
상대적으로 FAT보다 더 복잡한 구조이며 신뢰성, 보안뿐 아니라 대용
량 장치를 지원하기 위하여 설계되었다. NTFS의 확장성은 데이터 구조
체를 특정한 내용으로 감싸기 때문이다.

NTFS가 복잡한 이유에 대해서는 마이크로소프트가 디스크 배열구
성을 공개하지 않았기 때문이었지만 이후 여러 사용자 그룹들이 관련
구조를 분석하여 공개하였다.

또한, NTFS는 많은 윈도에서 표준으로 사용되고 대부분의 유닉스
버전에서 지원되고 있다.

가. NTFS 구조

NTFS는 중요한 데이터를 파일로 할당하는데 일반적으로 다른 파일 시스템에서는 파일 시스템 배열구성에 숨어 있는 기본적인 파일 시스템의 관리 데이터가 파일로 저장된다.

[그림 2.16] NTFS 구조

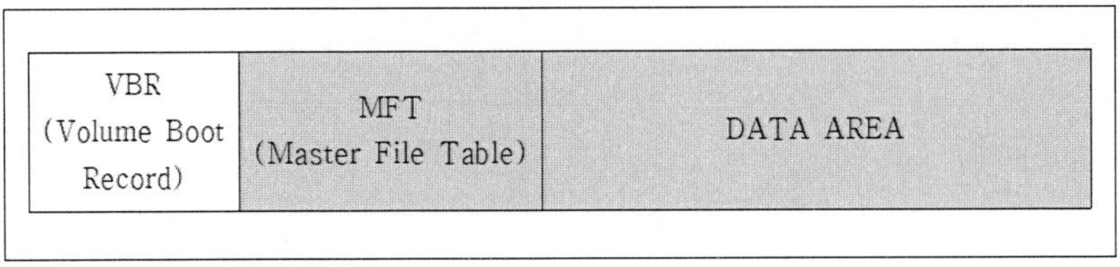

VBR (Volume Boot Record)	MFT (Master File Table)	DATA AREA

NTFS는 그림 2.16과 같이 VBR 영역, MTF 영역, DATA 영역으로 구분된다.

순서는 VBR 영역이 제일 먼저 위치하고 다음으로 MFT 영역과 마지막으로 실제 DATA가 저장되는 영역으로 되어 있다.

1) VBR(Volume Boot Record)

VBR은 NTFS 구조 중 가장 먼저 위치하며 부트 섹터(Boot Sector)와 추가적인 부트 코드가 저장되어 있다. VBR 크기는 값이 고정되어 있지 않고 클러스터 크기 또는 포맷 소프트웨어에 따라 차이가 생긴다. 아래 표는 윈도 운영체제가 지원하는 포맷 기능을 사용했을 경우의 클러스터 크기에 따른 VBR 크기를 나타낸다.

VBR의 첫 섹터에는 부트 코드를 포함된 부트 섹터가 위치하며, 클러스터 크기가 512byte일 때 VBR 크기는 1 섹터이기 때문에 VBA 자체가 부트 섹터가 되는 것이다. VBR 크기가 1 섹터를 넘을 때는 나머지 섹터들이 추가적인 부트 코드의 저장 용도가 되거나 NTLDR(NT

Loader)을 신속하게 올리기 위하여 NTLDR의 위치를 저장하기 위한 용
도로 사용된다.

[표 2.6] 클러스터 크기에 따른 VBR 크기

클러스터 크기(Byte)	VBR 크기(Sector)
512	1
1K	2
2K	4
4K	8

2) MFT(Master File Table)

MFT에는 모든 파일과 디렉터리의 정보가 있으며, NTFS의 핵심
부분이다. 모든 파일과 디렉터리는 반드시 테이블에 하나의 엔트리를
가져야 하며 간단한 구조를 가진다. 엔트리 크기는 1KB이고, 첫
42byte는 미리 정의된 목적을 가졌고 나머지 byte에는 특정한 목적을
갖는 작은 데이터 구조체로 이루어진 속성들을 저장한다.

[그림 2.17] MFT 엔트리 기본 구조

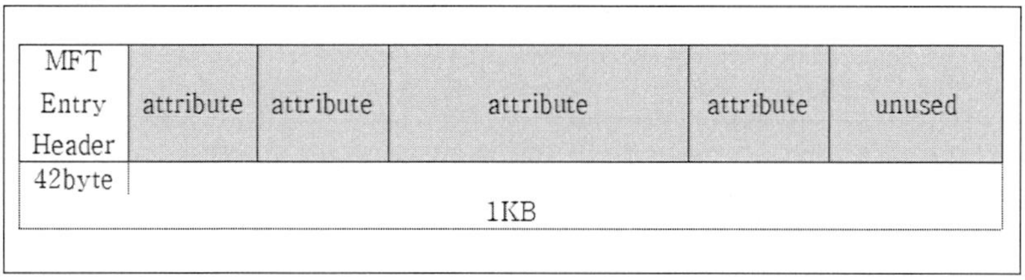

MFT Entry Header 42byte	attribute	attribute	attribute	attribute	unused
			1KB		

볼륨의 모든 byte는 파일에 할당되기 때문에 '파일 시스템 관리 데이터'를 저장하는 별도의 파일이 있어야 하는데 마이크로소프트는 이러한 파일들을 '메타 데이터 파일'이라고 부르지만, 이것은 '파일 메타데이터'와 혼동될 수 있다.

마이크로소프트는 첫 16개 MFT 엔트리들을 파일 시스템 메타 데이터 파일로 예약한다. 사용하지 않은 예약된 엔트리들은 할당된 상태이고 오직 기본적이고 일반적인 정보만 갖는다. 모든 파일 시스템 메타데이터 파일은 숨겨져 있지만, 루트 디렉터리에 존재한다. 각 파일 시스템 메타 데이터 파일명은 '$'로 시작하고, 첫 번째 문자는 대문자로 쓰는 등 표 2.7에서 설명한다.

[표 2.7] File System Metadata Files

Entry 번호	파일 이름	설명
0	$MFT	MFT Entry에 대한 정보를 저장한다.
1	$MFTMirr	MFT 엔트리 백업본을 저장한다.
2	$LOgFile	메타데이터의 트랜잭션 저널을 기록한다.
3	$VOlume	볼륨의 레이블, 식별자, 버전 같은 정보를 저장한다.
4	$AttrDef	속성의 식별자, 이름, 크기 등의 정보를 저장한다.
5	.	파일 시스템의 루트 디렉터리를 저장한다.
6	$Bitmap	파일 시스템의 각 클러스터 할당 상태를 저장한다.
7	$BOOt	파일 시스템의 부트섹터와 부트 코드를 저장한다.
8	$BadClus	베드 섹터가 있는 클러스터 정보를 저장한다.
9	$Secure	파일의 보안, 접근제어와 관련된 정보를 저장한다.
10	$Upcase	모든 유니코드 문자의 대문자를 저장한다.

11	$Extend	$ObjID, $Quota, $Reparse points, $UsnJrnl 등의 추가적인 파일의 정보를 저장한다.
12~15		예약 영역이다.
–	$Objld	파일의 고유한 ID 정보를 저장한다.
–	$Quota	사용자별 할당량 정보를 저장한다.
–	$Reparse	Reparse Points 정보를 저장한다.
–	$UsnJrnl	USN 저널 정보를 저장한다.

표 2.7은 '파일 시스템의 메타 데이터 파일' 역할을 하는 MFT Entry(0~15번)로 파일 시스템을 생성할 때 함께 만들어진다. 예약된 MFT Entry들은 NTFS의 다양한 특성을 지원하는 데 사용된다. 사용자는 파일이 생성될 때마다 새로운 MFT Entry가 할당되기 때문에 해당 파일의 정보를 유지, 관리할 수 있다.

MFT Entry 0번은 $MFT 파일이며 이것은 다른 Entry와 다르게 전체 파일 이름을 대문자로 표현한다.

$MFT는 MFT 자체를 가리키는 것으로 NTFS 상에 존재하는 모든 MFT Entry 정보를 담고 있다. MFT Entry 11번의 $Extend는 $ObjID, $Quota, $Reparse points, $UsnJrnl 등의 추가적인 파일 정보를 기록하기 위해 사용되고 12~15번은 예약 영역이다.

파일 시스템의 여러 영역에서 조각된 형태로 MFT는 존재할 수 있으므로 MFT 정보 전체를 유지 관리하기 위해서는 전체 정보를 가져야 한다. 그림 2.18과 같이 전체 MFT 정보를 획득하기 위해 $MFT 파일을 획득하는 방법을 보여준다.

[그림 2.18]　$MFT 파일 획득 방법

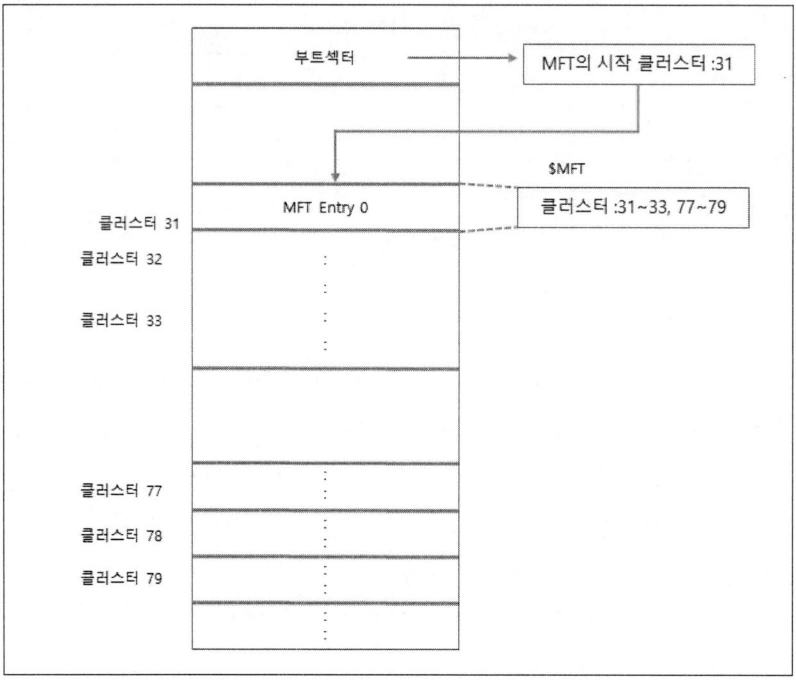

모든 MFT Entry의 구조는 1,024byte의 고정된 크기이며 그림 2.19과 같은 구조로 되어 있다.

[그림 2.19]　MFT Entry 구조

MFT Entry Head	Fixup Array	attribute	End Marker	unused area

MFT Entry의 세부적인 데이터 구조는 42byte 크기의 고정된 Head에 이어서 Fixup 배열과 속성들이 따라온다. Entry의 마지막을 표시하기 위해 End Marker(0xFFF FFFF)를 사용하며 만약 속성 정보가 많아져 하나 이상의 MFT Entry를 사용할 경우 마지막 MFT Entry의

끝에 End Marker를 표시한다.

이때 Fixup 배열을 사용한다는 특이점을 가지는데, Fixup 배열은 저장하려는 데이터가 하나 이상의 섹터를 사용할 때 각 섹터의 마지막 2byte를 따로 저장하는 것이다.

[표 2.8] MFT Entry 데이터 구조

바이트 offset		설명
10진수	16진수	
0~3	0x0000 ~ 0x0003	파일 시그니처
4~5	0x0004 ~ 0x0005	Offset to fixup array
6~7	0x0006 ~ 0x0007	Count of fixup values
8~15	0x0008 ~ 0x000F	$LogFile Sequence Number (LSN)
16~17	0x0010 ~ 0x0011	Sequence value
18~19	0x0012 ~ 0x0013	Hard Link count
20~21	0x0014 ~ 0x0015	Offset to First Attribute
22~23	0x0016 ~ 0x0017	Flags
24~27	0x0018 ~ 0x001B	Used size of MFT Entry
28~31	0x001C ~ 0x001F	Allocated size of MFT Entry
32~39	0x0020 ~ 0x0027	File Reference to Base MFT Entry
40~41	0x0028 ~ 0x0029	Next Attribute ID
42~1023	0x002A ~ 0x03FF	Attributes

그림 2.20과 그림 2.21은 각각 Fixup 적용 이전과 이후 상태를 보여주며, 3개의 섹터를 사용하는 데이터이므로 각 섹터의 마지막 2byte를 별도로 저장해 Fixup 배열을 만들고 이후 마지막 2byte 공간에 별도의 시그니처를 저장하는데, 그 목적은 해당 데이터가 저장되는 섹터

의 이상 유무를 점검하기 위해서이다.

[그림 2.20] Fixup 적용되기 이전 상태

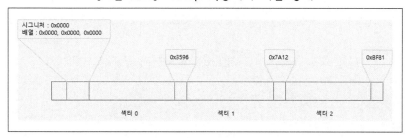

[그림 2.21] Fixup 적용된 후의 상태

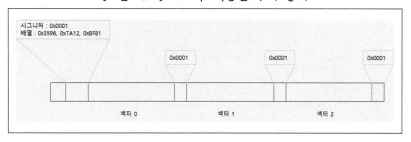

MFT Entry 내의 속성구조는 그림 2.22와 같으며, Fixup 배열에 이어 여러 개의 속성이 따라온다. 속성에는 파일의 시간 정보, 이름, 데이터 등과 같은 정보 등이 저장된다.

[그림 2.22] MFT Entry 속성

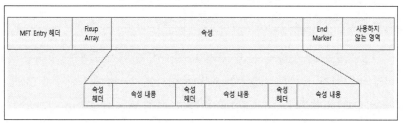

표 2.9는 NTFS에서 지원하는 속성의 종류를 보여준다.

[표 2.9] MFT 기본 엔트리 속성 타입 설명

속성번호		속성 이름	설명
10진수	16진수		
16	0x0010	$STANDARD_INFORMATION	생성·접근·수정 시간, 소유자와 보안 ID 등의 일반적인 정보
32	0x0020	$ATTRIBUTE_LIST	다른 속성 정보들이 어디에 있는 지를 저장하는 목록
48	0x0030	$FILE_NAME	파일 이름(유니코드), 최근 생성· 접근·수정 시간을 저장
64	0x0040	$VOLUME_VERSION	볼륨 정보(윈도 NT 1.2버전에만 존재)
64	0x0040	$OBJECT_ID	파일 및 디렉터리의 16byte 고윳 값(윈도 2000 이상)
80	0x0050	$SECURITY_DESCRIPTOR	파일의 접근제어와 보안 속성
96	0x0060	$VOLUME_NAME	볼륨 이름
112	0x0070	$VOLUME_INFORMATION	파일 시스템 버전과 다른 플래그 정보
128	0x0080	$DATA	파일 내용
144	0x0090	$INDEX_ROOT	인덱스 트리의 루트 노드
160	0x00A0	$INDEX_ALLOCATION	$INDEX_ROOT 속성에 연결된 인덱스의 노드들
176	0x00B0	$BITMAP	$MFT 파일과 인덱스의 비트맵
192	0x00C0	$SYMBOLIC_LINK	심볼릭 링크 정보
192	0x00C0	$REPARSE_POINT	버전 3.0 이상에서 소프트 링크를 사용하는 REPARSE POINT 정보
208	0x00D0	$EA_INFORMATION	OS/2 응용 프로그램과 호환성을 위해 사용(HPFS)

| 224 | 0x00E0 | $EA | OS/2 응용 프로그램과 호환성을 위해 사용(HPFS) |
| 256 | 0x00F0 | $LOGGED_UTILITY_STREAM | 암호화된 속성의 정보와 키값 (윈도 2000 이상) |

그림 2.23을 살펴보면 각 속성 앞부분에는 공통으로 속성 헤더 (Attribute Header)가 오는 것을 알 수 있다. 속성 헤더 항목은 해당 속성이 Resident냐 Non-resident냐에 따라 데이터 구조가 다르며 그 내용을 표 2.10, 표 2.11, 표 2.12와 같이 데이터 구조로 보여준다.

[표 2.10] 일반적인 속성 헤더의 데이터 구조

바이트 offset		설명
10진수	16진수	
0~3	0x0000 ~ 0x0003	Attribute type identifier
4~7	0x0004 ~ 0x0007	Length of attribute
8~8	0x0008 ~ 0x0008	Non-resident flag
9~9	0x0009 ~ 0x0009	Length of name
10~11	0x000A ~ 0x000B	Offset to name
12~13	0x000C ~ 0x000D	Flags
14~15	0x000E ~ 0x000F	Attribute identifier

- Attribute type identifier : 각 속성 타입에 대한 고유한 식별자
- Length of attribute : 속성 헤더를 포함한 속성의 전체 길이
- Non-resident flag : '1' 값을 가지면 Non-resident 속성
- Length of name : 자신의 속성 이름 길이
- Offset to name : 속성 이름이 저장된 곳의 시작 위치

- Flags : 속성의 상태 표현

  0x0001 : 압축 속성

  0x4000 : 암호화된 속성

  0x8000: Sparse 속성
- Attribute identifier : 속성의 고유한 식별자로 MFT Entry에 같은 속성이 여러 개라면 서로 다른 값을 가진다.

16byte의 공통된 헤더 이후에는 Resident 형식, 또는 Non-resident 형식 여부에 따라 나머지 속성 헤더의 내용이 달라지기 때문에 속성 헤더의 길이 역시 달라진다. 하지만, 공통된 헤더 항목의 속성 길이는 필드가 주어지기 때문에 걱정할 필요가 없다.

[표 2.11] Resident 속성 헤더 데이터 구조

바이트 offset		설명
10진수	16진수	
0~15	0x0000 ~ 0x000F	General header(위에 표)
16~19	0x0010 ~ 0x0013	Size of content
20~21	0x0014 ~ 0x0015	Offset to content
22~22	0x0016 ~ 0x0016	Indexed flags
23~23	0x0017 ~ 0x0017	Unused

- Size of content : 헤더 뒤 속성 내용의 크기
- Offset to content : 속성 내용 시작 위치
- Indexed flags : '1' 값을 가지면 Index 정보로 사용
- Unused : 사용되지 않음

[표 2.12] 추가적인 Non-Resident 속성 헤더의 데이터 구조

범위(Byte Range)		설명
10진수	16진수	
0~15	0x0000 ~ 0x000F	General header(위에 표)
16~23	0x0010 ~ 0x0017	Starting Virtual Cluster Number (VCN) of the runlist
24~31	0x0018 ~ 0x001F	Ending VCN of the runlist
32~33	0x0020 ~ 0x0021	Offset to the runlist
34~35	0x0022 ~ 0x0023	Compression unit size
36~39	0x0024 ~ 0x0027	Unused
40~47	0x0028 ~ 0x002F	Allocated size of attribute content
48~55	0x0030 ~ 0x0037	Actual size of attribute content
56~63	0x0038 ~ 0x003F	Initialized size of attribute content

- Starting Virtual Cluster Number(VCN) of the runlist : runlist 시작 VCN
- Ending VCN of the runlist : runlist 끝 VCN
  - VCN은 특정 파일 첫 번째 클러스터부터 순차적으로 부여한 번호
  - $DATA 속성의 경우, 데이터가 아주 많이 조각이 났을 때 클러스터 런의 정보 저장을 위해서 하나 이상의 MFT Entry를 사용하며, 이때, runlist의 시작과 끝을 표현하기 위한 정보
- Offset to the runlist : runlist 시작 위치
- Compression unit size : 압축 속성이라면, 압축 단위 크기
- Allocated size of attribute content : 속성 내용이 할당된 클러스터 크기

- Actual size of attribute content : 순수한 속성 내용의 크기
- Initialized size of attribute content : 일반적으로 NTFS에 존재하는 초기화된 크기는 파일이 할당될 때, 파일이 더 커질 것이라 예상해서 추가적인 공간을 할당하는 때도 있다. 이때, 순수한 파일 데이터의 크기는 초기화된 크기이고, 추가적인 공간까지 포함한 크기가 논리적(logical) 크기이다. 대부분은 초기화된 크기와 논리적 크기는 같다.

일반적으로 파일은 그림 2.23과 같이 $STANDARD_INFORMATION, $FILE_NAME, $DATA 이렇게 3개의 속성을 가진다.

[그림 2.23] 일반적인 파일의 속성

MFT Entry 헤더	Fixup Array	속성 헤더	속성 내용	속성 헤더	속성 내용	속성 헤더	속성 내용	End Marker	사용하지 않는 영역

$STANDARD_INFORMATION
Type ID : 16

$FILE_NAME
Type ID : 48

$DATA
Type ID : 128

'$STANDARD_INFORMATION' 속성은 모든 파일에 기본적으로 존재하며, 파일의 생성·수정·접근시간, MFT 수정시간, 타입(읽기 전용, 숨김, 시스템, 장치 등), 소유자 등의 정보를 나타낸다.

'$FILE_NAME' 속성은 파일 이름을 나타내는 속성이며, 파일 이름은 유니코드로 표현되고 파일 크기, 파일의 부모 디렉터리, 파일 이름의 생성·수정·접근시간 등도 함께 저장한다.

'$STANDARD_INFORMATION'과 '$FILE_NAME' 속성에 공통으로 시간 정보가 존재하며, 두 속성의 시간 정보는 생성될 때 같지만 이후 파일의 접근이나 이동 등과 같이 작용이 가해지면 '$STANDARD_INFORMATION'의 시간 정보가 변경된다. 반면, '$FILE_NAME'의 시

간 정보는 파일 이름이 변경되었을 때만 변경된다. 따라서 두 속성의 시간 정보를 조합하면 해당 파일의 생성, 접근, 이동, 복사, 수정, 이름 변경 등의 시간을 확인할 수 있다.

'$DATA' 속성은 파일의 내용을 담기 위한 속성으로 특별한 구조 없이 단순히 파일의 내용을 담고 있다.

3) Resident 속성과 Non-resident 속성

MFT Entry의 속성은 저장방식에 따라 Resident 속성과 Non-resident 속성으로 나누는데 'Resident' 속성은 MFT Entry 내 속성 헤더와 내용이 모두 저장한다. 속성 내용이 많으면 여러 개의 MFT Entry를 사용하고 MFT Entry로 감당할 수 없을 크기의 속성이라면 다른 용도의 클러스터에 해당 속성을 저장한 다음, 속성 내용에 저장한 클러스터의 위치 정보만 따로 저장할 수 있으며 이러한 속성을 'Non-resident' 속성이라 한다.

'Non-resident' 속성 형태는 속성 내용이 증가할 수 있는 '$ATTRIBUTE_LIST'나 '$DATA' 속성이다. '$DATA' 속성의 경우 속성 내용이 700byte 이하이면 Resident 속성으로 저장되고 700byte를 넘으면 'Non-resident' 속성으로 저장된다.

파일의 크기가 700byte보다 작으면 별도의 클러스터에 할당되지 않고 해당 MFT Entry에 함께 저장한다.

[그림 2.24] Non-resident 속성

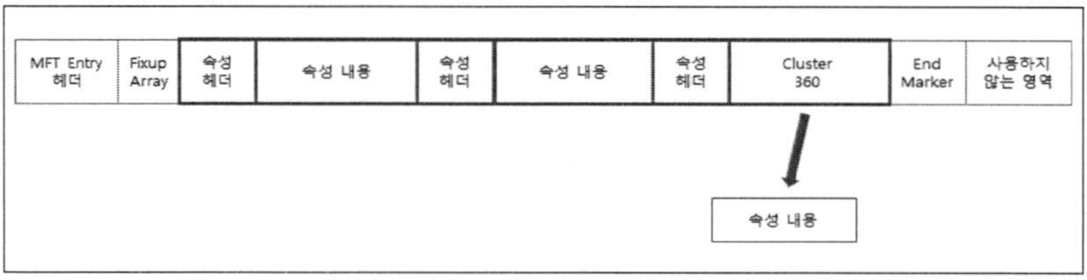

4) Cluster Runs

'Non – resident'로 저장된 속성 내용이 많아지면 저장하는 클러스터가 많이 할당된다. 파일 크기가 커지면 저장해야 하는 양이 많아지고 'Cluster Runs'는 이러한 정보를 효율적으로 관리하는 역할을 맡은 구조이다.

[그림 2.25] Cluster Runs

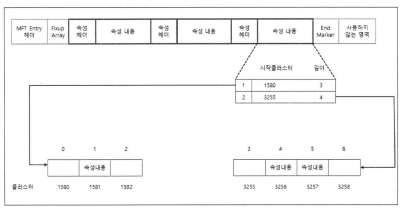

그림 2.25는 Cluster Runs의 형태를 보여준다. 클러스터의 시작 위치와 수를 표현해서 할당된 클러스터를 나타내기 때문에 다수의 클러스터가 할당되어 있어도 간단하게 표현할 수 있다. 단, 저장 공간의 부족으로 속성 내용이 여러 곳에 조각나 저장될 수도 있다. 이 경우에는 조각난 만큼 Cluster Runs가 증가하게 된다.

Chap. 3
파일의 할당·삭제로 인한 변화

NTFS 상의 파일 할당과 삭제에 대한 변화 요소를 살펴본다.

1. 파일 할당

　그림 2.26은 '\dir\file1.dat'이라는 파일을 생성할 때, NTFS에서 변화되는 정보를 나타내는데 '\dir1' 디렉터리는 이미 만들었고, 클러스터 크기는 2,048byte, file1.dat의 크기는 4,000byte라 가정하자.

① VBR의 BPB 정보에 MFT 시작 위치 정보를 받아 MFT 시작 위치로 이동한다.

② $MFT(MFT Entry 0) 파일을 읽고 전체 MFT 구조를 파악,

③ $MFT 파일의 $BITMAP 속성에서 현재 사용하지 않는 MFT Entry를 찾는다. MFT Entry 240번이 현재까지 사용 중이지 않

기 때문에 Entry를 할당한 후 $BITMAP 속성에서 해당 Entry 위치의 비트를 1로 설정,

④ MFT Entry 240번을 초기화 한 다음 $STANDARD_ INFORMATION, $FILE_NAME 속성을 기록하고 MFT Entry의 in-use 플래그를 설정,

⑤ file1.dat는 2개의 클러스터가 필요하므로 $Bitmap(MFT Entry 6) 파일의 클러스터 할당 정보에서 사용할 클러스터를 찾는다. 할당 알고리즘에 의해 연속된 2개의 클러스터 446, 447번이 선택되면 이 클러스터에 해당하는 비트 1로 설정,

⑥ 루트 디렉터리(MFT Entry 5) 파일에서 \dir1의 위치를 검색,

⑦ \dir1의 위치인 MFT Entry 100번에서 새로운 파일에 대한 인덱스 Entry를 생성하면 인덱스가 재배열된다. 이 경우 디렉터리의

[그림 2.26] \dir\file1.dat 파일 할당 시 NTFS의 변화

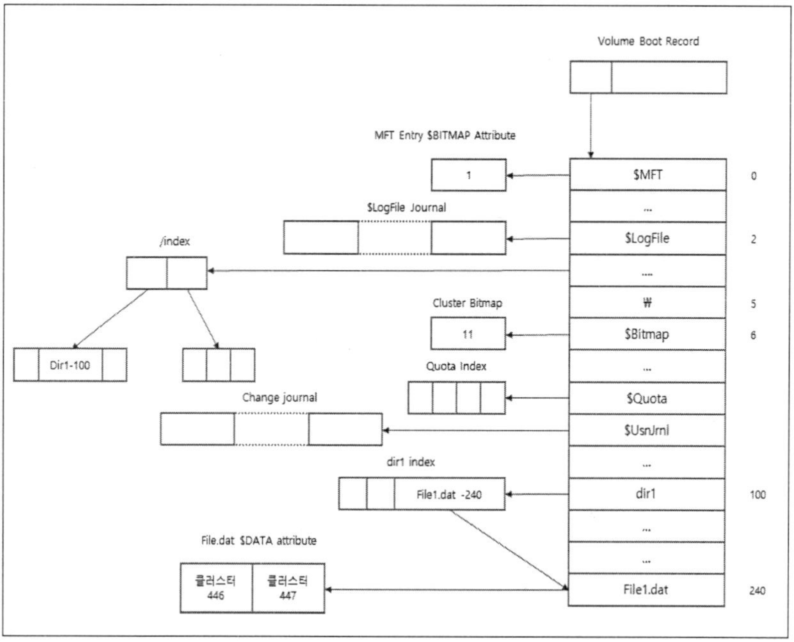

'마지막 작성(last written)', '수정(modified)', '접근시각(accessed time)'이 변경,

⑧ 마지막으로 이루어진 작업들에 대해 $LogFile과 \$Extend\ $UsnJrnal 파일에 로그 정보가 기록되고 Quotas 기능이 사용 중이면, 해당 사용자의 할당량을 관리하는 $Extend에 있는 $Quota 정보가 수정.

2. 파일 삭제

[그림 2.27] ₩dir₩file1.dat 파일 삭제 시 NTFS의 변화

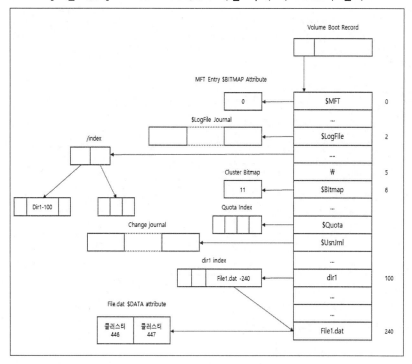

그림 2.27은 '\dir\file1.dat'를 삭제할 때, NTFS에서 변화되는 정보를 나타낸다. 클러스터의 크기는 2,048byte라 가정,

① VBR의 BPB 정보에 MFT 시작 위치 정보를 얻어 MFT 시작 위치로 이동,

② $MFT(MFT Entry 0) 파일을 읽어 전체 MFT 구조를 파악,

③ 루트 디렉터리(MFT Entry 5) 파일의 $INDEX_ROOT와 $INDEX_ALLOCATION 속성에서 \dir1 Entry 위치를 탐색,

④ 탐색 결과 \dir1은 MFT Entry 100번, file1.dat는 MFT Entry 240번을 사용하는 것이 확인,

⑤ MFT Entry 100번에서 file1.dat와 관련된 인덱스 Entry를 삭제한다. 이 경우 디렉터리의 '마지막 작성(last written)', '수정(modified)', '접근시각(accessed time)'이 변경,

⑥ $MFT 파일의 $BITMAP 속성에서 삭제된 MFT Entry에 해당하는 비트를 0으로 설정,

⑦ $Bitmap 파일에서 삭제 파일의 $DATA 속성 내용으로 할당되었던 클러스터에 관련 비트를 0으로 설정,

⑧ 마지막으로 각 작업에 대해 $LogFile고 \$Extend\$UsnJrnl 파일에 로그 정보가 기록되고 Quotas 기능을 사용 중일 때 해당 사용자의 할당량을 관리하는 \$Extend\$Quota 정보가 수정.

Chap. 4
파일 시스템 분석

1. 파일 시스템별 삭제 파일 복구

　　FAT, NTFS 파일 시스템 모두 파일을 삭제할 때 시스템 효율을 극대화하기 위해서 실제 저장된 데이터 파일을 초기화시키지 않고 관련 flags만 변경시킨다. 따라서, 삭제된 파일의 위치에 'Directory Entry' 또는 'MFT Entry'가 덮어쓰지 않았다면 복구할 수 있다.

　　파일 내용뿐만 아니라 삭제 파일의 메타정보를 이용한다면 시간순으로 정렬도 가능하다.

[표 2.13] 파일 시스템별 삭제 파일을 판별하는 방법

FAT	NTFS
데이터 영역의 루트 디렉터리부터 하위 모든 디렉터리를 검색해서 offset 0x00의 값이 0xE5를 갖는 Directory Entry를 찾아 그 값과 매칭되는 파일이 삭제된 것이다.	MFT Entry 0번의 $MFT의 $BITMAP 속성에서 0x00 값을 가지는 MFT Entry를 찾아 그 값과 매칭되는 파일이 삭제된 것이다.

2. 비할당 클러스터 분석(Unallocated clusters Analysis)

비할당 클러스터를 단순히 파일 시스템에서 사용되지 않는 클러스터라고 생각하는데 사실은 메타정보를 얻지 못해 접근할 수 없는 클러스터를 의미한다. 파일의 삭제는 저장되어 있는 데이터를 삭제하기보다는 메타정보의 일부를 지워 검색되지 않도록 하기 때문에 FAT 파일 시스템에서 파일이 삭제되어도 파일의 Directory Entry에 새로운 데이터가 덮어쓰지 않았다면 Directory Entry를 통해 파일의 내용에 접근할 수 있다. NTFS 역시 파일이 삭제되었다고 하지만, 메타정보 일부를 지운 것으로 만약, 해당 파일에 MFT Entry가 새로운 데이터가 덮어쓰지 않았다면 MFT Entry 정보를 통해 파일 내용에 접근할 수 있다.

비할당 클러스터는 Directory Entry나 MFT Entry 정보도 남아 있지 않은 영역을 의미한다. 해당 영역에는 '포맷하기 이전의 데이터' 또는 '할당되었지만 삭제된 후 메타정보가 사라진 데이터'가 남아 있다. 비할당 클러스터들은 운영체제의 할당 알고리즘에 영향을 받기는 하지만 때에 따라 오래전 데이터가 남아 있을 수 있다.

[표 2.14]   파일 시스템별 비할당 클러스터를 구분 방법

FAT	NTFS
FAT 영역에서 0x00 값을 갖는 Directory Entry를 검색하여 각 Entry 대응되는 클러스터를 찾는다.	MFT Entry 6번의 $Bitmap 파일로부터 할당되지 않은 클러스터를 찾는다.

3. 슬랙 공간 분석(Slack Space Analysis)

　우리는 이전에 '램 슬랙', '파일 슬랙', '파일 시스템 슬랙', '볼륨 슬랙'에 대해서 살펴보았다. '램 슬랙'의 경우 자동으로 0x00으로 쓰기에 특정 데이터는 없다. 하지만, '파일 슬랙'의 경우 파일의 데이터가 남아 있을 가능성이 있으며, '파일 시스템 슬랙' 또한 이전 파일 시스템에서 사용한 데이터가 남아 있을 가능성이 있고 '볼륨 슬랙' 역시 데이터가 남아 있을 가능성이 있다.

　슬랙 영역에 의도적으로 데이터를 숨길 수 있는데, 최근에는 '악성 코드'도 운영체제의 API로 구동되기 때문에 바이러스 백신 등의 탐지를 피할 수 있다.

[표 2.15]   슬랙 공간 분석, 판별의 방법은 다음과 같다.

파일 슬랙	파일 시스템 슬랙	볼륨 슬랙
파일에 할당된 클러스터와 실제 크기의 차이를 계산하여 파일 슬랙이 존재하는지 판별	파일 시스템의 클러스터 크기를 확인하여 파일 시스템 슬랙이 생길 수 있는지 판별	볼륨의 전체 크기와 MBR의 파티션 테이블에 할당된 파티션 크기의 합 사이의 차이를 계산하여 볼륨 슬랙이 존재하는지 판별

4. 시간 정보 분석(Timestamp Analysis)

디지털 포렌식을 통한 수사와 분석을 위해서 저장 매체를 분석할 경우가 많은데 최근 대용량 저장 매체가 보편화 되었기 때문에 상당한 시간을 필요로 하고 있다.

효율적인 사건 분석을 위해 사건 발생 시점을 중심으로 데이터를 분석하는 것이 효과적이다. 이는 대부분 특정 사건이 발생한 시점의 데이터가 증거로 사용될 가능성이 크기 때문이다. 그리고 시점을 특정하지 않더라도 시간 흐름대로 데이터를 분석하는 것이 효과적이다. 이렇듯 특정 시점이나 시간 흐름을 파악하기 위해서는 저장 매체에 저장된 파일들의 시간 정보 분석이 중요하다.

파일 시스템별로 시간 정보의 위치는 다음과 같다.

- FAT : 파일들의 Directory Entry 정보를 확인하면 다음의 시간 정보를 확인할 수 있다.

[표 2.16]   Directory Entry의 시간 정보

이름	설명
Created Time	파일 생성 시간
Created Date	파일 생성 날짜
Accessed Date	마지막으로 파일 내용에 접근한 날짜
Written Time	마지막으로 파일 내용을 수정한 시간
Written Date	마지막으로 파일 내용을 수정한 날짜

- NTFS : 파일들의 MFT Entry에서 '$STANDARD_INFORMATION', '$FILE_NAME' 속성을 확인하면 다음의 시간 정보를 확인할 수 있다.

[표 2.17] $STANDARD_INFORMATION, $FILE_NAME 속성의 시간 정보

이름	설명
Created Time	파일 생성 시간
Modified Time	파일 내용이 마지막으로 수정된 일시
MFT Modified Time	MFT 내용이 마지막으로 수정된 일시
Accessed Time	마지막으로 파일 내용에 접근한 일시

5. 부트 코드 분석(Boot Code Analysis)

부트 코드는 MBR과 파일 시스템의 부트 섹터에 위치하고, MBR 부트 코드는 파티션 테이블을 읽어 부팅 가능한 파티션의 부트 섹터를 호출한다.

부트 섹터의 부트 코드는 파일 시스템 BPB(BIOS Parameter Block)를 활용해서 부트 로더를 호출한다. 슬랙 영역에 특정 코드를 삽입하여 수행한 다음 다시 부트 코드를 수행할 수 있도록 변경할 수 있는데 이같은 방식이 운영체제 로드되기 전에 수행되기 때문에 탐지가 어렵다. 그래서 부트 코드를 분석하여 실행이 정상적으로 이루어졌는지 확인할 수 있다.

[표 2.18] 부트 코드별 분석 방법은 다음과 같다.

MBR	부트 섹터
부트 코드 해석 후 부팅 가능한 파티션의 시작 위치로 점프하는지 확인	부트 코드를 해석하여 정상적으로 부트 로더에 로드되었는지 확인

6. 미사용 영역 분석(Unused Area Analysis)

파일 시스템은 나중에 사용하기 위하여 예약하거나 필요 없이 생성한 영역이 존재하는데 범죄자는 이러한 영역에 의도적으로 실행 코드 또는 중요한 내용을 저장하곤 한다. 미사용 영역은 파일 시스템을 사용하기 위한 기본적인 참조 영역이 아니다. 그래서, 미사용 영역을 분석하여 특정 데이터가 삽입되었는 흔적을 살펴야 한다.

[표 2.19] 파일 시스템별로 미사용 영역은 다음과 같다.

FAT	NTFS

– MBR과 예약 영역 사이의 미사용 영역
– 예약 영역에서 사용하지 않는 섹터
  (0, 1, 2, 6, 7, 8번 섹터 제외)
– FSINFO 구조체 섹터(예약 영역의
  1, 7번 섹터)에서 사용되지 않는 영역
	– MBR과 예약 영역 사이의 미사용 영역
	– VBR에서 부트 섹터를 제외한 나머지
	  섹터
	– 미래를 위해 예약해 둔 MFT Entry
	  12~15번 영역

7. 은닉 파일 분석

운영체제의 정책으로 인해 기본적으로 숨겨진 속성으로 설정된 시스템 파일도 있으나 나머지는 사용자가 의도적으로 은닉하기 위하여 사용되었을 가능성이 크다. 따라서, 파일 시스템에서 '숨김' 속성을 가진 파일을 분석하여 구분해야 한다.

[표 2.20] 파일 시스템별로 숨긴 속성 확인 방법

FAT	NTFS
파일의 Directory Entry 항목 중 오프셋 11의 Attribute가 0x02 값을 가진다.	파일의 MFT Entry에서 $STANDARD_ INFORMATION 속성의 오프셋 32~35의 Flags가 0x0002이다.

8. 암호 파일 분석

NTFS는 EFS(Encrypting File System)에 의해서 암호화 기능을 제공하며, 데이터 보호를 위한 목적으로 파일을 암호화하는데 사용자가 중요한 파일에 암호를 걸어두는 것을 분류하여 분석해야 하며, NTFS에서 암호화 속성을 확인하는 방법은 다음과 같다.

파일의 MFT Entry에서 '$STANDARD_INFORMATION' 속성의 오프셋 32~35의 Flags가 0x4000인 것을 찾아 조사한다.

9. ADS(Alternate Data Stream) 파일 분석

NTFS는 다중의 데이터 흐름을 지원하는데 이러한 데이터 흐름이
여러 개라는 것은 파일이 하나 이상의 데이터를 담을 수 있다는 것이
다. 이를 이용하여 원하는 데이터를 다른 파일 안에 숨길 수가 있다.
실제 많은 사례에서 ADS를 이용하여 악성코드를 은닉시키고 있다.

NTFS에서 ADS 파일의 확인 방법은 전체 MFT Entry를 대상으로
'$DATA' 속성이 두 개 이상인 MFT Entry를 찾아 본다.

10. 로그 정보 분석

NTFS는 파일 시스템의 변경 사항을 기록하기 위한 목적으로 MFT
Entry 2번인 $LogFile과 MFT Entry 11번인 $Extend 파일에 포함된
$Extend\$UsnJrnl 파일을 사용한다. 이 파일들은 크기에 제한이 있어
포맷 후 모든 변경 사항이 아닌 최근 작업을 기준으로 저장한다. 따라
서 로그 관련 파일을 분석하면 최근에 발생한 파일 시스템의 변화 상
태를 추적할 수 있다.

11. $Boot 파일 분석

NTFS의 MFT Entry 7번 '$Boot' 파일의 $DATA 속성에는 부트 섹

터의 위치 정보, 부트 코드가 저장되어 있다. 하지만, 부팅 용도로 사용하지 않는 NTFS에도 해당 속성은 존재할 수 있으며 악의적으로 어차피 활용되지 않는 해당 파일의 $DATA 속성에 데이터를 은닉할 수 있고, '$Boot' 파일의 경우 크기 제한이 없어 용량이 큰 데이터도 은닉할 수 있다.

12. $BadClus 파일 분석

NTFS의 MFT Entry 8번 '$BadClus' 파일의 용도는 클러스터에 발생한 배드 섹터 관리를 위한 목적이다. 클러스터에 배드 섹터가 발생하면 파일 시스템의 할당 알고리즘에 적용받지 않는다. 그런데 이때 발생하는 문제가 정상적인 클러스터도 $BadClus에 등록할 수 있다는 것이다. 따라서 정상적인 클러스터를 $BadClus에 등록하고 그 영역에 데이터를 숨길 수 있다. 또한, $BadClus 파일은 크기 제한을 받지 않아서 대용량의 데이터도 은닉할 수 있다.

Chap. 5
파일 복구

파일 복구는 통상적으로 하드웨어를 사용한 복구와 소프트웨어를 사용한 복구로 구분한다. 하드웨어 복구의 대표적인 예는 저장 매체가 물리적으로 망가지거나 훼손되었을 때 전자현미경과 같이 장비를 사용하여 복구할 수 있으며, 소프트웨어 복구는 파일 복구와 파일 카빙 방법 등 운영체제를 가지고 복구하는 방식이 있다.

1. 파일 시스템의 파일 복구

파일 시스템에 파일이 저장될 때 사용자가 생성한 데이터가 저장되면서 기기가 생성하는 '파일의 이름', '시간 정보', '크기' 등 메타 데이터 정보가 함께 생성된다. 하지만, 파일을 삭제할 때 메타 데이터 정보와 사용자가 생성한 실제 파일 내용은 초기화되지 않고 메타 데이터 정보의 특정 플래그 값만 변경시킨다. 따라서, 파일 시스템의 파일 복구라는 것은 삭제로 표시된 메타 데이터 정보를 찾아서 복구하는 기법이다.

가. FAT 파일 시스템의 파일 복구

FAT 파일 시스템은 파일의 메타 데이터 정보를 유지하기 위해서 FAT 영역과 Directory Entry를 사용하는데 파일이 삭제될 때 FAT 영역의 파일에 할당되었던 클러스터에 해당하는 FAT Entry가 0x00으로 초기화된다. 해당 파일의 Directory Entry의 오프셋 '0x00'의 값은 삭제되었다는 뜻으로 '0xE5'의 값으로 바뀌게 된다. 이 경우 파일에 할당되었던 클러스터에 파일 내용은 그대로 남아 있게 되므로 만약, 그 클러스터에 새로운 파일로 덮어쓰지 않는다면 삭제 표시된 Directory Entry에 파일 크기와 시작 클러스터 정보를 이용해서 파일을 복구할 수 있다.

하지만, Directory Entry에 시작 클러스터 정보만 기록되어 있고, 여러 클러스터에 파일이 조각나 기록되어 있다면 FAT 영역에서 클러스터 체인을 확인할 수 없게되므로 완벽한 복구를 할 수 없다.

그림 2.29는 FAT 파일 시스템에서 '\dir\file1.dat' 파일이 삭제되고 난 이후 파일을 복구하는 과정을 보여준다.

① 부트 섹터의 BPB에서 '데이터 영역', '루트 디렉터리', 'FAT 영역의 위치', '클러스터 크기' 등을 가져온다.

② '\dir1' 디렉터리의 정보를 가져오기 위해 루트 디렉터리에서 '\dir1'에 해당하는 Directory Entry를 검색하고, '\dir1' 디렉터리 정보를 가지는 시작 클러스터가 80번임을 확인했다.

③ 클러스터 80번에서 삭제된 'file1.dat' 파일의 Directory Entry를 찾는다. 삭제 표시를 위해 파일 이름의 첫 byte인 0x66('f') 대

신 0xE5 값이 기록되어 있다.

④ 삭제된 file1.dat 파일의 Directory Entry에서 '파일의 이름', '확
장자 크기', '시작 클러스터의 위치' 등을 확인한다.

⑤ 시작 클러스터에서부터 파일 크기만큼 데이터를 획득하고 저장
할 위치에 Directory Entry에서 확인한 파일 이름과 확장자로
파일을 저장한다.

[그림 2.29] FAT 파일 시스템에서 삭제된 '₩dir1₩file1.dat' 파일 복구

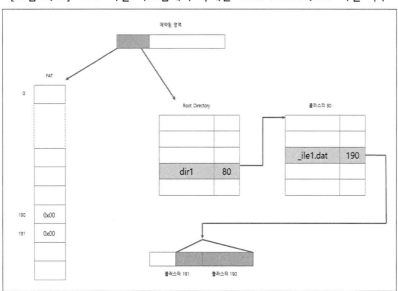

나. NTFS에서 삭제된 파일 복구

NTFS에서는 파일의 메타 데이터 정보를 유지하기 위해 'MFT
Entry', 'MFT Entry의 할당 상태'를 표시하고, '$MFT' (MFT Entry 0) 파
일의 '$BITMAP 속성', '클러스터의 할당 상태'를 표시하기 위해
'$Bitmap' (MFT Entry 6) 파일의 '$DATA' 속성을 사용한다.

파일이 삭제될 때 '$MFT' 파일의 '$BITMAP' 속성 가운데 해당 파일로 사용했던 'MFT Entry' 비트가 0으로 설정되고 '$Bitmap' 파일의 '$DATA' 속성 가운데 해당 파일로 사용했던 클러스터 비트가 0으로 설정된다.

결국, 파일의 MFT Entry와 실제 파일에서 사용했던 클러스터 내용은 변경되지 않는다. 따라서 해당 파일의 MFT Entry와 사용했던 클러스터 내용에 새로운 파일 정보로 덮어쓰지 않았다면 파일을 복구할 수 있다. NTFS는 FAT 파일 시스템과 다르게 파일의 내용이 Resident 속성일 경우 MFT Entry 상에 저장되기 때문에 완벽하게 복구할 수 있다. 또한, Non-resident 속성의 경우에도 Cluster Runs 정보를 통해 완벽하게 복구할 수 있다.

[그림 2.30]　NTFS에서 삭제된 '₩dir1₩file1.dat' 파일 복구

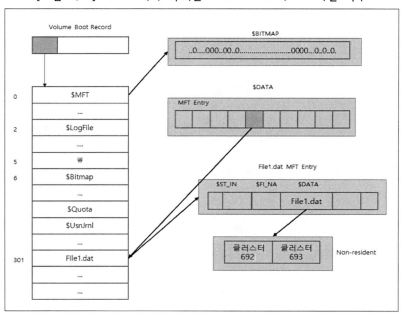

그림 2.30은 NTFS 파일 시스템에서 '\dir\file1.dat' 파일이 삭제된 후 파일을 복구하는 과정을 보여준다.

① VBR의 BPB 정보 가운데 MFT 시작 위치 정보를 받아 MFT 시작 위치로 이동

② $MFT 파일의 $BITMAP 속성에서 현재 사용 중이지 않는 MFT Entry(0x00 값을 갖는) 정보를 가져온다.

③ $MFT 파일의 $DATA 속성에서 0x00 값을 가지는 MFT Entry를 대상으로 $FILE_NAME 속성의 파일 이름이 'file1.dat'를 가지는 MFT Entry를 찾으면, MFT Entry 301번이 해당 파일의 MFT Entry임을 확인할 수 있다.

④ MFT Entry 301번의 $FILE_NAME 속성에서 파일 크기를 확인하고 $DATA 속성을 확인한 결과 Non-resident 속성임이 확인되었다면 Cluster Runs 정보를 기반으로 크기만큼 데이터를 획득하여 데이터를 저장할 위치에 앞서 확인한 파일 이름으로 파일을 저장한다.

2. 파일 카빙

파일 카빙 기법은 저장 매체의 '비할당 영역'에서 파일을 복구하는 기법이다.

저장 매체의 공간 할당에 따라 '연속적인 카빙(continuous carving)' 기법과 '비연속적 카빙(fragment recovery carving)' 기법으로 나눌 수 있다. '연속적인 카빙 기법'은 파일 내용이 저장 매체의 공간에 저장되어 있을 때 수행되는 기법이다. 그리고, '비연속적인 카빙 기법'은 파일의 내용이 저장 매체의 공간 여러 부분에 조각나 저장된 경우에 수행하는

기법이다. 비연속적인 카빙 기법은 단편화된 파일 조각을 하나의 파일로 구성하는데 많은 시간이 소요되기 때문에 보통은 연속적인 카빙 기법을 적용하고 있다.

가. 시그니처 기반 카빙

파일 카빙은 파일의 메타 데이터 정보를 이용하지 않고 파일의 고유한 특성을 이용하여 복구한다. 시그니처 기반 카빙 기법은 파일의 포맷을 구분해서 존재하는 파일들의 시그니처를 활용하는 방법이다. 시그니처란, 파일의 시작 부분인 '헤더(Header) 시그니처'와 파일이 파일의 마지막 부분인 '푸터(Footer) 시그니처'가 있다. 따라서 헤더와 푸터 시그니처가 모두 존재하는 파일은 시그니처 사이에 있는 데이터가 파일 내용이 된다는 것이다.

[표 2.21] 헤더, 푸터 시그니처를 모두 가지는 파일의 포맷 형태

File Type	Header Signature(Hex)	Footer Signature(Hex)
JPEG	FF D8 FF E0 FF D8 FF E8	FF D9
GIF	47 49 46 38 37 61 ("GIF87a") 47 49 46 38 39 61 ("GIF89a")	00 3B
PNG	89 50 4E 47 0D 0A 1A 0A	49 45 4E 44 AE 42 60 82
PDF	25 50 44 46 2D 31 2E ("PDF-1.")	25 25 45 4F 46 ("%%EOF")
HTML	"〈HTML" or "〈html" "〈!DOCTYPE HTML" or "〈!doctype html"	"〈/HTML〉" or "〈/html〉"

하지만 시그니처 기반 카빙은 파일을 구분하는 시그니처의 크기가 작다면, 파일 내용의 바이트 스트림에서도 같은 값이 존재할 가능성이 있어 오탐이 많이 발생할 수 있다.

나. 램 슬랙 카빙

램 슬랙은 저장 디스크에 파일의 내용을 기록할 때 파일 크기가 512byte의 배수가 되지 않아 0x00으로 채워지는 영역이다. 따라서 파일의 푸터 시그니처 이후에 램 슬랙이 존재하며 이전 설명한 시그니처 기반 카빙 기법에서 푸터 시그니처와 함께 램 슬랙을 확인할 경우 오탐을 줄일 수 있다.

다. 파일 구조체 카빙

탐색기 등을 통해 파일을 내용을 미리 보는 것을 지원하는 파일의 경우 파일 포맷 내부에 실제 내용 이외에 섬네일(Thumbnail)을 포함하는데 섬네일도 해당 파일의 포맷과 같은 구조로 되어 있어 전체 파일 포맷에 시그니처가 두 개 이상 존재하게 된다. 파일 구조체 카빙 기법은 '푸터 시그니처'가 존재하지 않거나 파일 포맷 내부에 여러 개의 시그니처가 존재할 수 있으므로 파일 구조를 분석하여 카빙 하는 가장 효과적인 기법이다. 파일 구조체 카빙 기법은 '파일 크기 획득 방법'과 '파일 구조 검증 방법'으로 나눌 수 있다.

1) 파일 크기 획득 방법

파일 대부분은 데이터 표현을 위하여 파일 앞부분에 파일 구조체를 둔다. 파일 구조체 내부에는 파일 시스템의 파일 메타 데이터와 유사하게 해당 파일의 크기, 형식 등의 정보가 포함된 메타 데이터 정보가 저장된다. 파일의 크기를 획득하는 방법은 파일 구조체 내부에서 파일의 크기 정보를 획득하여 카빙한다. 파일의 시작 위치와 파일 크기에 대한 정보를 알고 있다면 비교적 쉽게 해당 파일을 카빙 할 수 있다.

[표 2.22] 파일 크기 획득(파일포맷)

파일 포맷	시그니처	
	헤더(Hex)	푸터(Hex)
BMP	42 4D ("BN")	–
EXE	4D 5A ("PE")	–
DLL		–

2) 파일 구조 검증 방법

문서 파일과 같이 잦은 수정이 이루어질 때 데이터 표현을 위해 고유한 계층 구조를 사용하는데 파일 구조 검증은 이러한 계층 구조를 검증해서 카빙한다. Microsoft 복합문서나 압축 파일 등은 계층 구조로 계층마다 고유한 시그니처를 가진다. 그래서 파일의 시작 위치를 먼저 찾아 계층 구조를 검증해서 올바른 구조면 정상적인 파일이라고 추정할 수 있다. 하지만 많은 시간이 필요한 모든 구조를 검증으로 인해 전체 파일 카빙의 속도가 저하될 수 있다. 따라서 구조 검증은 카빙 된 파일 내용을 소프트웨어로 확인할 수 있고 속도에 영향을 받지 않는 범위 내에서 적용되어야 한다.

[표 2.23] 파일 구조 검증(파일포맷)

파일 포맷	시그니처	
	헤더(Hex)	푸터(Hex)
ZIP	50 4B 03 04	50 4B 05 06
ALZ	41 4C 5A 01	43 4C 5A 02
RAR	52 61 72 21 1A 07	3D 7B 00 40 07 00
Compound	D0 CF 11 E0 A1 B1 1A E1	–

PART 3

디지털 포렌식 실무

Chap. 1
디지털 증거 압수·수색·검증영장 신청

1. 압수와 수색 그리고 검증

가. 압수·수색·검증의 정의

우리 형사소송법 제215조는 「압수·수색·검증」에 대하여 다음 항목과 같이 규정하고 있다.

'제1항에서 검사는 범죄 수사에 필요한 때에는 피의자가 죄를 범하였다고 의심할 만한 정황이 있고 해당 사건과 관계가 있다고 인정할 수 있는 것에 한정하여 지방법원 판사에게 청구하여 발부받은 영장에 의하여 압수·수색 또는 검증을 할 수 있다.'

그리고 '제2항에서 사법경찰관이 범죄 수사에 필요한 때에는 피의자가 죄를 범하였다고 의심할 만한 정황이 있고 해당 사건과 관계가 있다고 인정할 수 있는 것에 한정하여 검사에게 신청하여 검사의 청구로 지방법원 판사가 발부한 영장에 의하여 압수·수색 또는 검증을 할 수 있다.'라고 명시하고 있다.

수사 중인 범죄에 대한 증거물이나 몰수물의 수집과 보전을 목적으로 강제처분을 할 수 있는데 대물적 강제처분에 해당하는 것이 '압수·수색·검증'이다.

대물적 강제처분의 요건은 첫 번째 '범죄의 혐의', 두 번째 '강제처분의 필요성', 세 번째 '해당 사건과 관련성'이 있어야 한다. 결국, 범죄의 혐의는 당연히 있어야 하고 강제처분하지 않으면 수사의 목적을 달성할 수 없다는 '필요성'이 존재해야 한다.

'압수'란 「물건의 점유를 취득하여 점유의 계속」을 하는 강제처분이다. '압류', '영치', '제출명령' 등이 포함된다.

'압류'란 점유 취득 과정 자체에 강제력이 가해져 물건의 점유를 점유자, 소유자의 의사에 반해 수사기관 또는 법원에 이전하는 강제처분이다. 반면, '영치'는 유류물과 임의제출물을 점유자의 의사에 반하지 않게 점유하는 것이다.

압류 : 물리적 강제력을 사용하여 점유자, 소유자의 의사에 반하여 수사기관 또는 법원에 이전하는 강제처분(형사소송법 제106조 제1항)

영치 : 유류물과 임의제출물을 점유하는 경우와 같이 수사기관 또는 법원에 대한 점유의 이전이 점유자의 의사에 반하지 않는 강제처분(형사소송법 제218조)

제출명령 : 일정한 물건의 제출을 명하는 법원의 대물적 강제처분으로 수사기관에는 인정되지 않는 강제처분(형사소송법 제106조 제2항)

'수색'이란 압수할 물건 또는 체포할 사람을 발견할 목적으로 주거, 물건, 사람의 신체 또는 장소에 대하여 이루어지는 강제처분이다.

'검증'이란 사람, 장소, 물건의 성질, 형상을 오감의 작용에 따라 인식하는 강제처분이다.

압수·수색과 검증은 각각 별개의 처분이지만 같은 이유로 같은 장소에서 이루어지는 것이 보통이므로 실무상으로 "압수·수색·검증영장"이라는 단일영장을 사용한다.

나. 압수·수색의 목적물

압수의 목적물은 증거물 또는 몰수할 것으로 생각하는 물건이다.

하지만, 군사상, 공무상, 업무상 비밀에 해당하는 것은 압수의 제한을 받는다. 또한, 디지털 포렌식과 관련하여 '정보 저장 매체'의 압수에서 압수의 목적물은 정보 저장 매체가 아닌 그 매체가 보관하고 있는 정보, 데이터를 압수해야 하므로 범위를 정해서 출력하거나 복제하여 압수할 수 있다. 만약, 범위를 정하는 것이 불가능하거나 목적 달성이 곤란할 경우 정보 저장 매체 등을 압수할 수 있다.

다. 압수·수색의 절차

통상의 경우 수사를 담당하는 경찰이 검사에게 압수·수색의 사유 등을 기재하여 '신청'하면, 검사가 이를 검토하고 경찰의 의견이 타당하면 법원에 '청구', 타당하지 않으면 '기각'을 하게 된다. 만약, 검사가 영장을 '청구'를 하면 법원에서 수사기관에서 밝힌 압수·수색의 사유가 타당하다면 '발부'하게 된다.

이후, 발부된 압수·수색영장(위 통상의 경우와 같음)은 검사의 집행 지휘에 따라 경찰이 집행한다.

영장 집행의 방법은 영장의 처분을 받는 자에게 제시해야 하며 만약, 처분을 받는 사람이 여러 명이면 그 모두에게 각각 개별적으로 제시해야 한다. 하지만, 제시할 수 없는 사정이 있거나 제시할 수 없다면 그러지 않아도 된다.

당사자의 참여 여부를 물어야 하며 이는 영장 집행 전 미리 참여권자에게 통지해야 하는 규정이다. 하지만, 급속을 필요로 할 때(증거인멸, 훼손, 은닉 우려 등)는 예외적으로 생략할 수 있으며 여자의 신체 수색은 성년의 여자가 참여하여 이루어져야 한다.

야간집행의 제한과 관련하여 영장 집행은 반드시 일출 후, 일몰 전에 이루어져야 한다. 하지만, 야간집행이 가능하다는 기재가 있다면 야간집행이 가능하다.

만약 집행 장소가 여관이나 공중 출입장소라면 제한을 받지 않는다.

2. 영장주의 원칙과 예외

우리 헌법 제12조 제1항에서 '누구든지 법률에 따르지 아니하고는 체포, 구속, 압수·수색 또는 심문을 받지 아니하며', 같은 조 제2항에서 '압수 또는 수색을 할 때는 적법한 절차에 따라 검사의 신청에 따라 법관이 발부한 영장을 제시하여야 한다.'라고 규정하여 영장주의 원칙을 천명하였다.

형사소송법 제215조 제1항, 제2항에서는 '사법경찰관이 범죄 수사에 필요한 때에는 검사에게 신청하여 검사의 청구로 지방법원 판사가 발부한 영장에 의하여 압수·수색 또는 검증을 할 수 있다'라고 규정한다.

다만 일부 긴급한 때에만 영장주의에 대한 예외가 인정되는데 체포, 구속 목적의 피의자에 대해서는 필요하면 영장 없이 피의자 수색이 가능하다. 체포현장에서도 압수·수색·검증이 가능하나 체포 후 압수한 물건을 계속 압수할 필요가 있는 경우 체포한 때로부터 48시간 이내 압수·수색영장을 청구해야 하며 발부받지 못할 때는 수색, 검증이 가능하며 범행 중 또는 범행 직후의 범죄장소에서 긴급을 필요로 하여 법원 판사의 영장을 받을 수 없다면 영장 없이 압수·수색 또는 검증을 할 수 있다. 하지만, 사후 바로 영장을 받아야 한다. 이 외에도 피의자, 다른 사람이 남겨놓은 물건이나 소유자, 소지자, 보관자가 임의로 제출한 물건에 대해 영장 없이 압수할 수 있다.

- 체포, 구속 목적의 피의자 수색(형사소송법 제216조 제1항 제1호)
  → 사후영장 불요
  검사 또는 사법경찰관은 체포, 긴급체포, 구속, 현행범인을 체포하는 경우에 필요하면 영장 없이 타인의 주거나 타인이 지키는 가옥, 건조물, 항공기, 선박 내에서 피의자 수색이 가능
  ※ 영장 등 근거에 의하여 구속 또는 체포하는 경우 별도의 수색 영장 없이 피의자가 있는 곳까지 접근할 수 있음.
- 체포현장에서의 압수·수색·검증(형사소송법 제216조 제1항 제2호)
  → 사후영장 필요
  수사기관이 체포, 긴급체포, 현행범인을 체포하는 경우 영장 없이 체포현장에서 압수·수색·검증이 가능
- 구속영장 집행 현장의 압수·수색·검증(형사소송법 제216조 제2항)
  → 사후영장 불요
- 범죄현장에서의 압수·수색·검증(형사소송법 제216조 제3항)
  → 사후영장 필요
  범행 중 또는 범행 직후의 범죄현장에서 긴급을 필요로 하여 판사의 영장을 받을 수 없는 때에는 영장 없이 압수·수색·검증이 가능
- 긴급체포할 때 압수·수색·검증(형사소송법 제217조 제1항)
  → 사후영장 필요

긴급체포의 규정에 따라 체포된 자가 소유, 소지, 보관하는 물건에 대하여 긴급히 압수할 필요가 있는 경우 체포한 때로부터 24시간 이내에 영장 없이 압수·수색·검증이 가능
- 유류물, 임의제출물의 영치(형사소송법 제218조)
  → 사후영장 불요
  검사나 사법경찰관은 피의자, 다른 사람이 유류한 물건이나 소유자, 소지자, 보관자가 임의로 제출한 물건을 영장 없이 압수 가능

3. 디지털 저장 매체 압수·수색·검증영장 신청

가. 디지털 증거의 이해

과거에는 문서, 시각 매체 및 증언 등과 같은 유형적 증거가 주된 형태였으나 이후 아날로그 기술의 발전으로 오디오, 비디오테이프 등이 증거로 활용되었고, 현재에는 디지털 기술을 통한 정보저장기술이 발전하여 기존의 아날로그 저장 매체의 사용이 줄어들었고 디지털 저장방식으로 저장되는 정보 그 자체가 증거가 되고 있다.

디지털 증거에 대한 정의는 통상적으로 「디지털 형태로 저장되거나 전송되는 범죄 증거로서 가치 있는 정보」, 또는 「기타 디지털 저장 매체에 저장되거나 네트워크를 통해 전송 중인 자료로서 법정에서 신뢰할 수 있는 증거가치가 있는 정보」를 의미하고 있다.

경찰청 훈령인 「디지털 증거수집 및 처리 등에 관한 규칙」은 디지털 압수물 중 범죄사실의 증명에 필요한 디지털 데이터라고 정의하고, 대검찰청 예규인 「디지털 증거의 수집·분석 및 관리 규정」에서는 범죄와 관련하여 디지털 형태로 저장되거나 전송되는 증거로서의 가치가

있는 정보라고 규정하고 있다.

두 기관이 디지털 증거를 규정하는 차이는 경찰은 '압수된 디지털 데이터로 제한'하지만, 검찰은 '모든 디지털 데이터로 규정'하고 있다.

나. 디지털 증거법 관련 판례 이해

우리나라 디지털 증거법 형성과정을 살펴보면 대부분 국가보안법, 선거법 등 관련 사건이다. 디지털 증거에 대한 사본압수 원칙 등 압수·수색 방식을 근본적으로 변화시킨 통제 법리도 국가보안법위반 사건 등이라는 점에서 알 수 있다.

2011년 5월 전교조 시국선언 관련 준항고 사건에서 대법원은 전자정보에 대한 압수·수색은 혐의사실 관련 부분만을 현장에서 문서 출력하거나 복제하는 방식으로 이루어져야 하고 저장 매체의 외부반출은 영장에 명기된 예외적인 사유에 대해서만 허용된다는 법리를 내놓았다. 이후 같은 해 7월 국회의 사법개혁 논의를 통해 형사소송법 제106조 제3항이 개정되어 정보 저장 매체에 대하여는 제한된 범위 내의 사본압수가 원칙이라는 규정이 신설되었다. 이 외에도 소위 '영남위원회', '일심회' 사건 등에서 전자정보의 증거능력 인정을 위한 요건, 전문법칙과의 관계 등에 관한 법리가 형성되었다.

형사소송법 제106조 제3항

법원은 압수의 목적물이 컴퓨터용 디스크, 그 밖에 이와 비슷한 정보 저장매체(이하 이 항에서 '정보 저장 매체 등'이라 한다)인 경우에는 기억된 정보의 범위를 정하여 출력하거나 복제하여 제출받아야 한다. 다만, 범위를 정하여 출력 또는 복제하는 방법이 불가능하거나 압수의 목적을 달성하기에 현저히 곤란하다고 인정되는 때에는 정보 저장 매체 등을 압수할 수 있다. <신설 2011.7.18.>

영남위원회 사건(대법원 1999.9.3, 선고, 99도2317, 판결)

민족민주혁명당 사건(民族民主革命黨 事件, 약칭 민혁당 사건)은 당시 1999년에 조선민주주의인민공화국의 지령을 받아 대한민국 내에서 지하 정당 활동을 하던 민족민주혁명당을 적발하여, 그 구성원인 김O환, 하O옥, 이O기 등이 국가보안법 위반으로 체포되어 유죄판결을 받았다. 그 조직은 지역별로 구성되어 있었고 부산 및 울산을 거점으로 한 '영남위원회'가 있었다. 민혁당 출범 이전인 1993년 부산경찰청 보안수사대는 별도 첩보를 토대로 영남위원회의 존재를 알아채고 통신 감청과 비디오 촬영 등으로 증거를 수집해오다 1998년 7월 울산 동구청장 김O현 등 영남위원회 구성원 15명을 검거했다.

이때 부산 경찰은 박모씨 집에서 영남위원회 활동상을 담은 디스켓을 대량 압수하였고, 박씨가 보는 앞에서 디스켓을 통에 넣고 봉인한 다음, 경찰청에서 다시 박씨가 보는 앞에서 통을 개봉해 디스켓을 꺼냈다. 하지만, 문제는 이때부터 발생하게 된다. 경찰은 디스켓을 컴퓨터에 넣어 출력하는데 이때 자기들이 보기 편하도록 몇 개 파일의 자간(字間)과 문단 모양을 바꾸었다. 이러한 파일에는 디스켓이 경찰에 압수되고 난 뒤의 시간이 찍힌 '동시저장 파일'(ASV)이 생겨났다.

영남위원회 사건 공판이 열리자 피고인 측에서 "동시저장 파일이 생긴 것은 경찰이 디스켓을 조작한 증거"라고 주장하였고, 이에 대해 검찰은 "동시저장 파일과 본 파일(HWP)의 내용이 똑같으므로 조작하지 않았다"라고 대응하게 되었다.

1심은 검찰 편을 들어 영남위원회를 '반(反)국가단체'로 판시했으나, 2심은 국가변란을 모의한 반국가단체로 볼 수 없다며 '이적단체'로 판시하게 된다. 그러면서 대법원은 한발 더 나아가 '경찰이 손댄 파일을 증거로 인정하는 판결은 잘못'이라는 새로운 판례를 만들고 2심 판결을 파기하게 된다. 이렇게 하여, 부산고법에서 파기환송심이 열렸고 부산고법은 대법원의 새 판례에 따라 경찰의 증거수집 방법에 문제가 있다며 이적단체 부분에 대해서 무죄를 선고하게 되었다. 재판부는 판결문에서 영남위원회 사건에서 사실상 반국가단체 구성의 유일한 증거가 되는 컴퓨터 디스켓의 경우 대법원에서 작성자가 확인되지 않았다고 판시한 만큼 현행 형사소송법상 증거 법칙에 따라 공소사실을 배척할 수밖에 없다고 밝혔다. 이러한 판결을 내린 부산고법의 이○동 판사는 "영남위원회가 실존한 것은 틀림없는 것 같다. 그러나 경찰과 검찰의 증거수집과 관리에 문제가 있어 무죄판결을 내렸다. 새 판례가 나온 만큼 국가보안법 사범에 대한 수사기관의 증거수집은 철저하여야 할 것이다"라고 말했다.

일심회 사건(서울고등법원 2007.8.16, 선고, 2007노929, 판결, 대법원 2007.12.13, 선고, 2007도7257, 판결)

일심회 사건(一心會 事件)이란, 2006년 10월 서울지검이 일심회라는 '단체'를 조선민주주의인민공화국(이하 북조선) 공작원과 접촉한 혐의로 적발한 사건이다. 일심회의 뜻은 말 그대로 마음이 하나인, 즉 한마음을 가진 사람들의 모임이라는 뜻이다. 한마음을 가진다는 것은 변하지 않는 마음이라는 것이며 일각에서는 북조선에 일심단결(一心團結)이라는 구호를 사용해 북조선 수령에게 언제나 충성하겠다는 구호를 뜻으로 사용되는 것으로 해석되고 있다. 그러나 피혐의자들과 국가보안법 폐지론자 등은 일심회라는 단체는 없고, 충분한 증거가 제시되지 않았다며 일심회를 부정하고 있는 것은 물론, 이 사건이 국가보안법에 따른 탄압이라고 주장하고 있다. 한편 법원에서도 일심회가 단체성을 갖추지 못했다 하여 이 사건의 이적단체 결성 죄는 무죄를 선고하였으나, 관련 당사자들은 국가보안법 위반으로 처벌하였다.

수사기관(검찰)은 피고인들로부터 USB, PC, 플로피 디스켓 등의 저장 매체 12종을 압수하여 전자적 매체들을 조사하였고, 피고인들이 '일심회'라는 이적단체를 구성하고, 북경 등 제3국에서 북한 공작원을 접선하여 지령을 수수하고, 국가기밀을 탐지하여 북한에 전달한 사실 등을 확인하고 이를 출력하여 증거로 제출하였다. 변호인들은,

위 저장 매체의 출력물에 대해 진정성을 입증하지 못하였고, 검증에 참여한 포렌식 조사관의 증언은 신뢰성이 부족하므로 증거로 사용할 수 없다고 주장하였다.

그러나 법원은 'EnCase' 포렌식 소프트웨어가 세계 각지의 많은 법집행기관과 업체들이 포렌식 조사를 위하여 사용 중이며 상업적으로 통용되는 도구로서 광범위하게 일반적으로 인정되고 있다는 점을 들어, 이로부터 분석된 결과물을 신뢰할 수 있다고 긍정하였다. 그러나 최종적으로 전문증거인 것은 마찬가지이므로, 디지털 증거에 대해 작성자 또는 진술자의 진술 때문에 진정성이 증명될 때만 증거로 인정된다는 것은 여전하며, 결국 작성자의 진정성을 인정한 53개의 문건만 받아들여지고 이외의 모든 나머지 증거의 증거능력은 인정하지 않았다.

대법원 3부(주심 김O란 대법관)는 13일 일심회를 조직, 북한의 지령을 따른 혐의(국가보안법 위반)로 구속기소 된 장O호(미국명 마이클 장)에게 징역 7년에 추징금 1,900만 원, 자격정지 7년을 선고한 원심을 확정했다. 재판부는 "북한이 국가보안법상 반국가단체에 해당한다고 한 원심의 조치는 정당하고 국가의 안전과 국민의 생존 및 자유 확보를 목적으로 하는 국가보안법을 위헌으로 볼 수 없다"라며 "이를 전제로 피고인들에 유죄를 선고한 원심은 정당하다"라고 판시했다.

최근 국가보안법위반 사건과 관련된 실무에서는 집행 현장에서 피압수자(대상자)나 변호인에게 압수·수색영장을 제시하는 것뿐만 아니라 부본을 요구할 경우 제공하고 있으며, 압수·수색 전체 과정에 피압수자 등의 참여권 보장 등을 골자로 하는 집행방법 제한이 부가되고 있다. 또한, 법관에 따라서는 피압수자 등이 동의하지 않는 한 저장 매체의 외부반출 자체를 금지하기도 한다.

미국의 경우 2009년 연방 형사소송규칙을 개정하면서 영장 유효기간을 10일에서 14일로 연장하고 압수 이후의 복제, 분석은 위 기간에 포함되지 않도록 하는 등 디지털 증거의 특수성에 맞도록 정비하는 추세지만, 우리나라의 디지털 증거법은 수사기관의 실체적 진실발견보다 피의자의 개인정보를 보호하는 측면이 강하며 이러한 추세는 계속 이어질 것이다.

온라인 수색(Online Durchsuchung)[1]

국가가 해킹의 수법으로 범죄혐의자의 컴퓨터에 있는 디지털 증거를 확보하는 것을 뜻한다. '수색'이라는 용어를 쓰고는 있지만 사실상 디지털 증거를 확보하는 수단이다. 온라인 수색은 독일에서 테러범죄자들을 대상으로 수사를 수행하기 위해 도입된 제도로서 '국가기관이 인터넷 접속을 통해서 사용자 모르게 사용자의 IT-시스템에 저장된 데이터를 탐색하거나 복사하는 행위'를 뜻한다.

독일의 경우 온라인 수색의 도입에 대해 많은 시민이 반대하였으나 테러가 수차례 발생하면서 여론이 다소 우호적으로 바뀌는 바람에 온라인 수색의 도입이 가능하게 되었다.

우리나라의 경우, 국민정서상 온라인 수색의 도입은 현실적으로 어려울 것으로 보인다. 하지만 클라우드 컴퓨팅 환경에서 현재의 기술로는 디지털 증거의 확보가 실질적으로 불가능하기에 이러한 법적, 기술적 한계로 인한 피해는 피해자들에게 돌아갈 수밖에 없다.

따라서, 비례성의 원칙을 고려하여 수단이 강력한 만큼 다양한 제한의 수단을 마련하여 온라인 수색 도입을 신중히 검토해야 한다.

---

[1] 이원상, '클라우드 컴퓨팅 환경에서의 디지털 증거 확보를 위한 소고', 대검찰청 미래기획단, 2013.03.19.

다. 디지털 증거 압수범위 및 한계

일반적인 압수는 유체물로 형상을 가진 존재에 대한 지목이 가능하다. 하지만, 디지털 증거의 경우 그 형상이 존재하지 않고 실제 그 증거물이 존재하는지도 '출력'이라는 작용이 더해져야 압수를 할 수 있다.

또한, 그 증거를 수색하기 위해서는 혐의와 무관한 다른 정보도 볼 수밖에 없는 상황이기 때문에 디지털 증거의 경우 그 압수의 범위와 압수물에 대한 한정을 아주 엄격하게 하고 있다.

실무에서 디지털 증거를 압수하기 위해서는 수색의 범위를 한정해야 하고 그 수색의 범위에서 범죄와 직접적인 관련이 있는 디지털 정보를 '선별적'으로 선택하여 사본, 복제, 이미징의 방법으로 압수하고 있다.

또한, 그 과정을 피압수자 혹은 대리인인 변호사의 입회하에서 이루어져야 한다고 규정하고 있다.

법원 역시 유체물에 대한 압수수색검증 영장을 발부할 때와 달리 디지털 증거의 압수수색검증 영장에 대해서는 법원이 규정하는 내용을 그림 3.1과 같이 '별지(압수대상 및 방법의 제한)'로 첨부하여 발부하고 있는데 그 '압수대상 및 방법의 제한' 별지에는 '전자정보의 압수'에 대한 원칙과 저장 매체의 하드카피, 이미징이 허용되는 경우, 전자정보 압수 시 주의 사항이 기재되어 있다.

[그림 3.1] 별지 4. 압수대상 및 방법의 제한

[별지 4]

압수 대상 및 방법의 제한

1. 문서에 대한 압수

가. 해당 문서가 몰수 대상물인 경우, 그 원본을 압수함

나. 해당 문서가 증거물인 경우, 피압수자 또는 참여인1)(이하 '피압수자 등'이라 한다)의 확인 아래 사본하는 방법으로 압수함 (다만, 사본 작성이 불가능하거나 협조를 얻을 수 없는 경우 또는 문서의 형상, 재질 등에 증거가치가 있어 원본의 압수가 필요한 경우에는 원본을 압수할 수 있음)

다. 원본을 압수하였더라도 원본의 압수를 계속할 필요가 없는 경우에는 사본 후 즉시 반환하여야 함

2. 컴퓨터용 디스크 등 정보저장매체(휴대전화 포함)에 대한 압수·수색·검증

가. 정보저장매체에 저장된 범죄혐의 관련 전자정보로 압수대상을 제한함

나. 전자정보의 수색·검증

수색·검증만으로 수사의 목적을 달성할 수 있는 경우, 압수 없이 수색·검증만 함

다. 전자정보의 압수

(1) 원칙

저장매체의 소재지에서 수색·검증 후 혐의사실과 관련된 전자정보만을 범위를 정하여 문서로 출력하거나 수사기관이 휴대한 저장매체에 복제하는 방법으로 압수할 수 있음

(2) 저장매체 자체를 반출하거나 하드카피·이미징 등 형태로 반출할 수 있는 경우

(가) 저장매체 소재지에서 하드카피·이미징 등 형태(이하 '복제본'이라 함)로 반출하는 경우

혐의사실과 관련된 전자정보의 범위를 정하여 출력·복제하는 위 (1)항 기재의 원칙적 압수방법이 불가능하거나 압수목적을 달성하기에 현저히 곤란한 경우에 한하여2) 저장매체에 들어있는 전자파일 전부를 하드카피·이미징하여 그 복제본을 외부로 반출할 수 있음

(나) 저장매체의 원본 반출이 허용되는 경우

1) 위 (가)항에 따라 집행현장에서의 저장매체의 복제본 획득이 불가능하거나 현저히 곤란할 때3)에 한하여, 피압수자 등의 참여 하에 저장매체 원본을 봉인하여 저장매체의 소재지 이외의 장소로 반출할 수 있음

2) 위 1)항에 따라 저장매체 원본을 반출한 때에는 피압수자 등의 참여권을 보장한 가운데 원본을 개봉하여 복제본을 획득할 수 있고, 그 경우 원본은 지체 없이 반환하되, 특별한 사정이 없는 한 원본 반출일로부터 10일을 도과하여서는 아니됨

(다) 위 (가), (나)항에 의한 저장매체 원본 또는 복제본에 대하여는, 혐의사실과 관련된 전자정보만을 출력 또는 복제하여야 하고, 전자정보의 복구나 분석을 하는 경우 신뢰성과 전문성을 담보할 수 있는 방법에 의하여야 함

(3) 전자정보 압수시 주의사항

(가) 위 (1),(2)항에 따라 혐의사실과 관련된 전자정보의 탐색·복제·출력이 완료된 후에는 지체 없이, 피압수자 등에게 ① 압수대상 전자정보의 상세목록을 교부하여야 하고, ② 그 목록에서 제외된 전자정보는 삭제·폐기 또는 반환하고 그 취지를 통지하여야 함[위 상세목록에 삭제·폐기하였다는 취지를 명시함으로써 통지에 갈음할 수 있음]

(나) 봉인 및 개봉은 물리적인 방법 또는 수사기관과 피압수자 등 쌍방이 암호를 설정하는 방법 등에 의할 수 있고, 복제본을 획득하거나 개별 전자정보를 복제할 때에는 해쉬 함수값의 확인이나 압수·수색과정의 촬영 등 원본과의 동일성을 확인할 수 있는 방법을 취하여야 함

(다) 압수·수색의 전체 과정(복제본의 획득, 저장매체 또는 복제본에 대한 탐색·복제·출력과정 포함)에 걸쳐 피압수자 등의 참여권이 보장되어야 하며, 참여를 거부하는 경우에는 신뢰성과 전문성을 담보할 수 있는 상당한 방법으로 압수·수색이 이루어져야 함

---

1) 피압수자 - 피의자나 변호인, 소유자, 소지자 // 참여인 - 형사소송법 제123조에 정한 참여인

2) ① 피압수자 등이 협조하지 않거나, 협조를 기대할 수 없는 경우, ② 혐의사실과 관련될 개연성이 있는 전자정보가 삭제·폐기된 정황이 발견되는 경우, ③ 출력·복사에 의한 집행이 피압수자 등의 영업활동이나 사생활의 평온을 침해하는 경우, ④ 그밖에 위 각 호에 준하는 경우를 말한다.

3) ① 집행현장에서의 하드카피·이미징이 물리적·기술적으로 불가능하거나 극히 곤란한 경우, ② 하드카피·이미징에 의한 집행이 피압수자 등의 영업활동이나 사생활의 평온을 현저히 침해하는 경우, ③ 기타 이에 준하는 경우를 말한다.

위 별지는 형사소송법 제106조 제3항을 설명하고 있는데 결국 디지털 증거에 대한 압수방법과 관련하여 '원칙적 선별 압수, 예외적인 매체압수'를 제시하고 있으며 디지털 증거에 대한 압수의 범위, 즉 한계를 명시하고 있다.

그밖에 예외적일 때에 원본 압수 또는 원본복제를 허용하는데 우선 원본복제의 경우 ①피압수자 등이 협조하지 않거나 협조를 기대할 수 없는 경우, ②혐의사실과 관련된 개연성이 있는 전자정보가 삭제, 폐기된 정황이 발견되는 경우, ③출력, 복사에 의한 집행이 피압수자 등의 영업활동이나 사생활의 평온을 침해하는 경우 ④기타 사유만 허용한다.

그리고, 저장 매체의 원본반출은 ①집행 현장에서 하드카피, 이미징이 물리적, 기술적으로 불가능하거나 극히 곤란한 경우, ②하드카피, 이미징에 의한 집행이 피압수자 등의 영업활동이나 사생활의 평온을 현저히 침해하는 경우, ③기타 사유만 허용한다.

이처럼 위 별지는 전자정보에 대한 선별 압수를 원칙으로 하고, 극히 예외적일 때에 원본복제 및 원본 압수를 허용하고 있다. 이는 피압수자의 권리침해를 최소화한다는 점에서 일면 타당하다고 하나 수사관, 또는 수사 당사자로서는 많은 양의 저장 매체에서 범죄와 관련된 정보만을 꼭 집어 압수한다는 것이 현실적으로 어렵다고 한다.

> 보통 200자 원고지 1장 분량을 저장 매체에 저장할 때 200byte 정도이고 우리가 실생활에서 많이 사용하는 A4용지 1장이 200자 원고지 5배 정도이므로, 이를 계산하면 A4용지 1장의 기록 정보는 약 1KB 정도가 된다. 그리고 USB 용량 2GB를 계산해보면 2천만 장, 64GB라면 6억4천만 장이 된다.

라. 영장신청서 작성방법

대용량의 저장 매체에서 범죄와 관련된 자료를 찾는 것은 모래밭에서 바늘 찾는 것처럼 어려운 일이고 숙련된 전문가의 기술과 막대한 시간이 요구된다.

[그림 3.2] 영장신청서

<table>
<tr><td colspan="3" align="center">**00경찰서**</td></tr>
<tr><td colspan="2">제 2020-000 호</td><td align="right">2020. 00. 00.</td></tr>
<tr><td colspan="3">수 신 : 00지방검찰청</td></tr>
<tr><td colspan="3">제 목 : 압수·수색·검증영장신청(사전)</td></tr>
<tr><td colspan="3">다음 사람에 대한 정보통신망이용촉진및정보보호등에관한법률위반 피의사건에 관하여 아래와 같이 압수·수색·검증하려 하니 2020. 00. 00.까지 유효한 압수·수색·검증영장의 발부를 청구하여 주시기 바랍니다.</td></tr>
<tr><td rowspan="4">피 의 자</td><td>성   명</td><td></td></tr>
<tr><td>주민등록번호</td><td>(세)</td></tr>
<tr><td>직   업</td><td></td></tr>
<tr><td>주   거</td><td></td></tr>
<tr><td colspan="2">변   호   인</td><td></td></tr>
<tr><td colspan="2">압 수 할 물 건</td><td></td></tr>
<tr><td colspan="2">수색·검증할 장소, 신 체 또 는 물 건</td><td></td></tr>
<tr><td colspan="2">범죄사실 및 압수·수색· 검증을 필요로 하는 사유</td><td></td></tr>
<tr><td colspan="2">7일을 넘는 유효기간을 필요로 하는 취지와 사유</td><td></td></tr>
<tr><td colspan="2">둘 이상의 영장을 신청하는 취 지 와 사 유</td><td></td></tr>
<tr><td colspan="2">일출전 또는 일몰후 집행을 필요로 하는 취지와 사유</td><td></td></tr>
<tr><td colspan="2">신체검사를 받을 자의 성 별·건 강 상 태</td><td></td></tr>
<tr><td colspan="3" align="center">00경찰서

사법경찰관 경위</td></tr>
</table>

또한, 피압수자(압수 대상자)의 비협조 혹은 안티 포렌식(Anti-Forensic)의 도움으로 자료를 은닉한다면 증거를 발견하는 것은 거의 불가능하다. 하지만, 디지털 증거에 대한 압수·수색은 영장에 발부된 '별지-압수대상 및 방법의 제한'에서 명시된 것처럼 선별적인 출력과 복제를 원칙으로 하고 있으며 그림 3.2와 같이 신청서를 작성할 수 있다.

먼저, 피의자와 변호인 부분을 제외하고 실제 영장과 관련되는 내용을 기재해보면,

① '압수할 물건'에 압수할 장소 등에 있는 컴퓨터, 카메라, 휴대전화 등 정보 저장 매체 및 매체에 수록된 내용을 전부 기재(※ 정보 저장 매체에서 비밀번호가 설정되어 있거나 파일의 삭제 흔적이 있다면 증거인멸 정황이 있어 원본 압수 또는 전체 이미징이 가능할 것이다)

② '압수장소'는 실제 압수·수색이 진행될 장소를 의미하며 주거, 차량, 사무실 등 정확한 장소를 적시해야 하며 불분명한 또는 포괄적인 장소를 기재해서는 안 된다. (※ '00빌딩 2층'이 아닌 '00빌딩 2층 201호'와 같이 장소를 명확하게 적시(摘示)해야 한다.)

③ 범죄사실과 압수 등이 필요한 사유를 명확하게 기재해야 한다.

④ 해당 영장이 발부되고 7일 이내에 집행함을 원칙으로 하는데 만약 그 기간을 초과하는 사유가 있다면 그 사유와 함께 필요한 유효기간을 기재한다.

⑤ 만약 영장을 집행하여야 할 장소가 2곳 이상이라면 둘 이상의 영장을 신청하는 취지와 사유를 기재하여 신청할 수 있다. 그렇다면 법원에서 필요한 수 만큼 영장을 발부해준다.

⑥ 영장 집행의 원칙은 주간에 한하므로 야간에 집행하여야 할 사항이 있다면 그 사유를 기재한다. (※ 예를 들어 서버 압수의 경우 주간보다 야간에 서버 사용량이 적기 때문에 야간에 집행한다 등의 사유를 기재)

Chap. 2
압수·수색·
검증영장 집행

1. 영장 집행을 위한 준비물 점검

　　효과적인 압수·수색을 위해서는 사전에 현장준비물을 미리 준비하고 여러 번에 걸쳐 확인 점검을 해야 한다. 그리고 가능하다면 압수·수색 현장에 대한 기본정보를 입수하여 그에 맞는 준비물을 갖출 필요가 있다. 디지털 포렌식 장비도 마찬가지인데 현장 디지털 매체의 보유 현황이나 네트워크 구성형태 등을 사전에 파악할 수 있다면 장비역시 압수현장에 맞게 갖출 수 있도록 해야 할 것이다.

　　현장준비물 중 포렌식 장비에 대해서는 뒷부분에서 자세히 살펴보겠지만 우선 압수·수색에 대한 전반적인 현장준비물을 정리하면 다음과 같다.

[표 3.1] 디지털 포렌식 압수 도구 등

구분	장비명	수량	권장 사양 및 기능	부대품
채증 장비	디지털카메라	2대	압수물의 전체 형태를 촬영하고, 존재하는 위치를 촬영	충전기 또는 예비 배터리
	디지털 캠코더(이동)	2대	압수·수색 현장을 다니며 수색자의 시각에서 촬영	위와 같음
	디지털 캠코더(고정)	2대	압수·수색 현장 전체를 볼 수 있는 위치에 고정하여 시작과 종료 때까지 촬영	위와 같음
포렌식 장비	디지털 포렌식	1식	하드디스크 복제 장비, EnCase 프로그램 & 동글 키 ※ 변수 발생에 대비하여 될 수 있으면 포렌식 장비 2식 구비	
	모바일 포렌식	1식	모바일 기기 복제, 분석 장비	
기타	전산장비	1식	현장에서 압수 조서, 목록을 작성하고 소유권 포기서 등 기본 문서 출력을 위한 PC 또는 노트북, 휴대용 프린터, 드라이버 등 압수품 분리 도구, 증거물 봉인 봉투 등	멀티탭 등 전선류
	증거수집용 소모품		하드디스크, USB 메모리, SD card 등	전용 어댑터, 젠더 등

다만, 기술의 급속한 발전과 함께 디지털 기기, 저장 매체의 변화, 발전 역시 비례적으로 발전하고 있다는 점에서 항상 현장 도구는 달라지고 상황에 맞게 대처할 수 있도록 철저한 준비가 필요하다.

그리고 사건담당자는 포렌식 장비와 별도로 '영장 원본'과 함께 신분증을 반드시 소지해야 하고, 압수물 상자 또는 기본적인 준비물을 챙겨야 하고 대상자를 체포할 경우를 생각해서 포승줄, 수갑도 같이 챙겨야 한다.

2. 인권침해 방지를 위한 사전 교육

압수현장에서 압수목적을 달성하기 위해서는 적법절차 준수 및 대상자 인권 보호가 필수적이다. 특히, 사안에 따라 대상자(피압수자)의 비협조를 대비해야 하고, 압수·수색팀을 편성하고 임무를 부여함과 동시에 요원들에게 인권침해 방지를 위한 사전 교육한다.

만약, 대상자를 체포할 경우 미란다 원칙 고지는 물론이고 체포 즉시, 가족이나 변호인에게 통지함으로써 대상자의 방어권을 보장해 줄 분만 아니라 인권침해 논란에서 벗어날 수 있다.

3. 영장 집행에 의한 증거수집

가. 준비단계

1) 장비 점검

(가) 디스크 포렌식 장비

전원을 켜고 정상 동작 확인 및 현재 시각을 설정한다.

(1) Single Capture : Single Capture는 범행에 사용된 원본 하드디스크(Evidence drive)의 내용을 사본 하드디스크(Suspect drive)로 복사하는 작업이다. 이 작업은 원본 하드디스크의 첫 번째 섹터의 byte부터 마지막 섹터의 마지막 byte까지 사본 하드디스크에 복사를 진행하기 때문에 원본과 같은 사본 하드디스크를 생성하게 된다.

Single Capture 작업할 때에는 반드시 원본 하드디스크보다 용량이 같거나 큰 하드디스크로 사본 작업을 진행하여야 한다.

| solo 4 | Road master | Falcon |

(2) E01 Capture : E01 Capture는 원본과 같은 값을 가진 사본을 만드는 Single Capture와는 달리 원본 하드디스크를 파일로 나눠서 사본 하드디스크에 저장하는 작업이다. 이 작업에서 만들어진 E01 파일은 EnCase 또는 FTK 같은 분석 소프트웨어에서 변환 또는 이미지 생성 작업 없이 바로 인식하여 원본 하드디스크와 같이 사용할 수 있다.

(나) 모바일 포렌식 장비

전원을 켜고 최신 업데이트 및 휴대전화기 케이블이 작동되는지 확인한다.

| MD-Next | MD-Red |

(다) 쓰기 방지 장치

하드디스크 및 USB와 같은 디지털 저장 매체를 사용자의 컴퓨터에서 분석 및 기타 작업을 할 때 원본 데이터가 수정되거나 삭제되지 않도록 해주는 쓰기 방지 장치이다.

(1) 디지털 저장 매체의 연결 방식에 따라 다른 쓰기 방지 장치를 사용하여 여러 종류의 디지털 저장 매체를 컴퓨터에 연결한다.

USB 쓰기 방지   PCIe 쓰기 방지   SAS 쓰기 방지

(2) 쓰기 방지 장치 연결 케이블

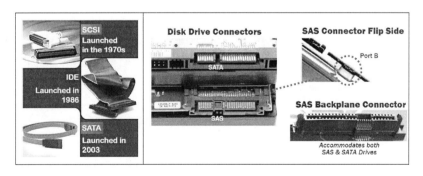

(라) 증거물 운반용 가방

복제용 하드디스크 용량별로 구비한다.

(마) 노트북 가방

증거분석 프로그램을 설치한다.

(바) 채증 장비 가방

캠코더, 카메라(현재 시각 설정)를 준비한다.

(사) 출력 장비

프린터, 용지를 준비한다.

2) 캠코더 설치

(가) 캠코더(1)

압수현장의 전경이 모두 보이는 원거리에 설치한다.

(나) 캠코더(2)

포렌식 수행하는 장면이 보이도록 근거리에 설치한다.

3) 소유자 확인

(가) 압수할 매체(데스크톱, 노트북, USB 등)의 소유자를 반드시 확인
  한다.

(나) 압수대상 정보 저장 매체는 식별 값을 특정할 수 있도록 기록
  하고 불가능할 경우 촬영, 시리얼 확인 등 향후 증명을 위한
  적절한 조치를 시행한다.

(다) 저장장치를 포함하고 있는 시스템을 확인한다.

(1) 컴퓨터

컴퓨터는 개인 사용자가 사용하는 개인용 컴퓨터(PC)와 다수의 사
용자가 접속해서 사용하는 서버 컴퓨터(Sever)로 구분된다. 두 종류의
컴퓨터 모두 다수의 하드디스크 또는 SSD가 내장되어 있으며 이 하드
디스크가 압수·수색에서 가장 중요한 대상이다. 일반적으로 컴퓨터에
서 하드디스크를 분리하여 디스크만 압수해야 하지만, 레이드(Raid) 시

스템을 운영하는 환경의 컴퓨터나 서버의 경우 그 환경이 특수하므로 분석을 위해서는 컴퓨터 자체를 압수해야 한다.

간혹 컴퓨터가 장착하고 있는 CD/DVD 장치 안에 CD나 DVD가 들어있기 때문에 주의를 해야 한다. 컴퓨터와 이동식 저장 매체는 각각 다른 증거물로 관리되기 때문이다. 따라서 CD/DVD 장치 외에 이동식 저장 매체를 위한 장치가 더 장착되어 있다면 모두 점검해야 할 것이다.

(2) 노트북

수색 현장에서 발견된 노트북은 하드디스크만 분리하여 압수하기 보다는 컴퓨터 자체를 압수하는 것이 좋으며, 전원 케이블 등 부속품도 함께 압수해야 전원 공급 등을 해야 할 경우를 대비할 수 있다. 또한, 저장 용량 확장을 위해서 MicroSD card가 삽입되어 있는지 등을 확인하고, 경우에 따라 USIM[2]을 통한 통신이 가능한 노트북일 경우 유심 카드를 분리하여 네트워크를 끊어야 한다.

(3) 스마트폰

스마트폰은 플래시 메모리가 내장되어 있어 이곳에 데이터 등을 보관하고 있다. 그래서 스마트폰 등의 압수 시에는 기기 자체를 압수해야 한다. USIM 메모리 카드를 장착할 수 있는 스마트폰의 경우 기기와 메모리 카드를 분리하고 각각 압수하여야 한다.

스마트폰 압수과정에서 가장 주의해야 할 점은 직접 스마트폰에 손대지 않고 원격, 무선 데이터 통신을 이용하여 스마트폰을 초기화시킬 수 있습니다. 반드시 전원을 차단하거나 전파 차단용 봉투나 이동용 전파 차단 장치에 넣어서 압수해야 한다.

(4) 디지털 캠코더, 카메라

디지털 캠코더 및 카메라는 영상과 사진 데이터를 보관하는 기기로써, 수사의 관점에서 보면 컴퓨터 하드디스크만큼 중요한 증거대상

---

2) USIM - Universal Subscriber Identity Module Card

이다. 기기에 플래시 메모리를 장착하여 영상이나 사진 데이터를 저장하기 때문에 메모리 카드만을 분리하여 압수할 수 있으며, 만약 기기가 필요하다면 기기와 함께 압수하도록 한다.

(5) 게임 콘솔(Game Console)

Wii, Play Station, X-Box 등의 비디오 게임 콘솔은 자체적으로 하드디스크를 내장하고 있으며 영상이나 음성 데이터 및 디지털 파일을 저장시킬 수 있다. 게다가 비디오 게임 콘솔을 일반 컴퓨터로 개조해서 사용 가능한 방법도 알려져 게임 콘솔 역시 입수 대상이 된다.

(6) 이동식 저장장치

(가) 하드디스크/SSD : 하드디스크와 SSD는 컴퓨터의 보조기억장치 중 하나이며, 보통의 경우 컴퓨터에 내장이 되어 있으나 최근에는 휴대용으로 많이 사용하고 있다. 가장 많이 사용되는 저장 매체기 때문에 수사관점에서 제1순위 압수대상이다. 하드디스크는 자기와 충격에 취약하므로 취급에 주의가 필요하다.

(나) 플래시 메모리 : 플래시 메모리는 크게 USB 메모리와 소형 메모리 카드로 구분할 수 있으며, USB 메모리는 USB 인터페이스 방식을 이용해 데이터를 전송하는 플래시 메모리 기기로 휴대용 저장 매체로 많이 사용되고 있으며, 소형 메모리 카드는 CF, SD, SM, XD, Memory Stick, MicroSD 등으로 구분되며 제조사만의 인터페이스를 이용해 데이터를 전송하는 플래시 메모리 기기이다.

일반적으로 디지털 기기의 저장 매체로 사용된다. 플래시 메모리는 그 특징상 크기가 매우 작아서 휴대성이 좋으며, 범죄자가 증거물을 쉽게 은닉할 수 있다. 따라서 압수·수색 시 USB 메모리나 소형 메모리 카드를 숨길 수 있는 장소를 수색해야 하며 용의자가 손톱 등으로 충격을 가해 망가뜨릴 수 있어 항상 주의를 기울여야 한다.

(다) CD/DVD : CD/DVD는 현재 사용하지 않지만, 가장 널리 사용되었던 보조 기억매체이다. 저렴한 가격과 저장 방법의 용이성 때문에 널리 사용되었다. 데이터를 저장하고 있는 면에 손상이 가해지면 읽을 수 없어 취급에 주의를 기울여야 한다.

나. 수집 단계

형사소송법 106조(압수)
③ 법원은 압수의 목적물이 컴퓨터용 디스크, 그 밖에 이와 비슷한 정보저장매체(이하 이 항에서 "정보 저장 매체 등"이라 한다)인 경우에는 기억된 정보의 범위를 정하여 출력하거나 복제하여 제출받아야 한다. 다만, 범위를 정하여 출력 또는 복제하는 방법이 불가능하거나 압수의 목적을 달성하기에 현저히 곤란하다고 인정되는 때에는 정보 저장 매체 등을 압수할 수 있다. <신설 2011.7.18>

1) 선별 압수

(가) 압수대상 매체를 현장에서 수색 검증 후 혐의 사실과 관련된 전자정보만을 문서로 출력하거나 수사기관이 휴대한 저장 매체에 복사하여 압수한다.

(나) 정보 저장 매체 등을 압수·수색·검증하거나 전자정보를 수집하는 현장에서 복제, 분석하는 경우에는 반드시 쓰기 방지 장치를 사용하는 등 자료가 변경 또는 훼손되지 않도록 주의한다.

2) 복제

(가) 디지털 저장 매체의 복제 : 디스크 포렌식

(1) 집행 현장에서 압수목적 달성을 위한 전체 검색, 선별에 장시

간이 소요되고, 저장 매체의 비할당 공간에 대한 정밀 분석이 필요한 경우에는 원본 압수 또는 복제하여 압수한다.

(2) 집행 현장에서 저장 매체의 복제가 불가능하거나 현저히 곤란할 때(피압수자가 협조하지 않는 경우, 혐의사실과 관련될 개연성이 있는 전자정보가 삭제, 폐기된 정황이 발견되는 경우, 출력, 복사에 의한 집행이 피압수자의 영업이나 사생활의 평온을 저해하는 경우, 기타 이에 따르는 경우) 피압수자 또는 참여인의 입회하에 저장 매체 원본을 봉인하여 압수한다.

(3) 원본을 사본 2개로 복제하여 사본 1은 봉인하고, 사본 2는 분석용으로 사용한다.

[그림 3.3] 복제 도구를 이용한 이미징 장면

복제 前 복제기에 대한 설명

"이 장비는 솔로4(Solo 4) 또는 팔콘(Falcon) 이라는 장비입니다. 원본 하드디스크와 똑같은 사본을 만드는 작업을 시작하도록 하겠습니다."

"복제 작업이 종료되면 원본과 사본에 대한 해시값(Hash Value)이 생성되는데 이 값이 같다면 원본과 사본은 정확히 같다는 것을 의미합니다."

※ 하드디스크 용량 500GB 기준, 복제시간은 약 3시간 소요

(나) 모바일 기기의 복제 : 모바일 포렌식

(1) 범죄현장에서 디지털 증거로서 스마트폰을 수집(압수)하는 절차는 일반적인 디지털 포렌식 절차와 크게 다르지 않지만, 세부적인 단계에서 약간의 차이가 있다.

(2) 스마트폰 증거수집의 첫 번째 과정은 스마트폰의 전원 상태 확인이다. 우선 전원이 켜진 상태라면 전원을 차단하기 전에 스마트폰의 사용자나 입회인에게 현재의 상태를 확인시켜주고 스마트폰 액정에 나타나는 정보(시간, 문구, 배경 사진 등)를 기록하고 스마트폰 상태를 사진으로 찍는다. 이후 무선 신호로 인한 무결성이 훼손되는 것을 방지하기 위하여 전원을 차단한다.

(가) Mobile Forensic Tool을 이용한 방법 : 한컴위드에서 생산한 스마트폰 이미지 획득 Tool 'MD-Next'와 분석 Tool 'MD-RED'를 이용하여 범죄 관련 정보를 획득하고 분석한 다음 증거로 사용할 수 있다.

(나) JTAG(Joint Test Action Group)을 이용한 방법 : PCB(Printed Circuit Board)의 JTAG 포트에 24핀 인터페이스로 연결하거나 직접 라인을 연결할 수 있다. 하지만 최근 출시되는 스마트폰에는 JTAG 포트가 없거나 끊어져 있어 JTAG 방식은 스마트폰 이전 피처폰 위주의 분석에 사용된다.

(다) 메모리 칩을 분리하는 방법 : 스마트폰에 정상적으로 연결이 어려운 경우 또는 물리적 파손 등의 이유로 연결 단자를 이용할 수 없을 때 스마트폰의 메인보드에서 메모리 칩을 분리해서 직접 데이터를 추출하는 방식이다.

3) 해시값(Hash Value) 설명

(가) Hash는 원본 하드디스크와 사본 하드디스크가 같다는 것을 증명할 때 사용하는 일종의 전자지문이다. 하드디스크의 Hash 값이 같다는 것은 원본 하드디스크의 처음부터 마지막까지의 모든 섹터 값이 같다는 것을 의미하며 그로 인해 최초 원본 하드디스크에서 데이터가 변경되지 않았음을 증명할 수 있다.

(나) 현재 가장 많이 사용하는 해시값 출력 방법은 MD5이며 해시값은 128bit 32자리의 값으로 표현된다.

MD5 예시 : 0x98E0 CD80 765D B232 EA8C B4E6 2B6D 1A98

('0x'는 10진수와 구별을 하기 위한 16진수라는 의미이고, 보통 오기 방지를 위해서 4자리씩 끊어서 기재한다.)

(다) 복제 후 출력된 MD5 또는 SHA-1, SHA-2(SHA-224, SHA-256, SHA-384, SHA-512) 등을 대상자에게 확인시켜준다.

[그림 3.4] 해시 계산 결과값

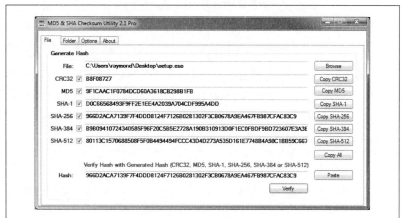

> **출력된 해시값 설명**
>
> "해시값은 전자지문이라고도 불리고 데이터를 식별하는 고유의 값입니다."
>
> "만약 원본에서 조금이라도 데이터 변형이 일어난다면 해시값이 완전히 달라지기 때문에 일반적으로 디지털 증거물의 무결성을 입증하는 수단으로 사용되고 있습니다."
>
> MD5(Message Diget Algorithm 5) 128bit
>
> SHA-1(Secure Hash Algorithm 1) 160bit
>
> SHA-2(Secure Hash Algorithm 2) 256bit

다. 정리 단계

1) 봉인

(가) 형사소송법에서 압수물을 봉인하라는 규정은 없지만, 정보 저장 매체의 무결성 확보를 위해서 봉인절차는 매우 중요하다.

(나) 압수한 디지털 저장 매체에 대한 봉인 목적은 두 가지이다. 첫 번째로 물리적인 충격으로 인한 데이터 멸실 등으로 인한 증거 훼손을 막기 위한 목적으로 수행된다. 예를 들어 하드디스크나 USB 등은 충격이나 전자기에 약하기 때문에 정전기 방지 봉투와 충격 흡수 소재를 통해 포장해야 할 것이다. 다른 하나는 증거 획득부터 이송과정까지 증거물에 대한 위·변조가 없었음을 증명하기 위해서다.

증거물의 봉인을 뜯고 증거물을 변조한다거나 훼손시키는 일을 막기 위해서 일반적으로 봉인전용 봉투와 봉인지 등을 사용한다.

(다) 피압수자와 참여인을 입회시키고 복제본 또는 원본을 (1차) 정전기 방지 봉투에 감싸고 (2차) 봉인 봉투에 넣는다. 봉투 입구를 완벽히 봉하고 (3차) 압수물 봉인지를 봉투 입구에 붙인다. 피압수자는

<압수물 확인 후 봉인에 서명하였음>이라고 필적 감정용 기재를 한다.

2) 확인서

피압수자와 참여인을 입회시키고 수색한 결과물이 대상 정보 저장 매체의 자료가 맞는지를 직접 확인시킨 다음 문서로 작성하여 입회인의 확인 서명을 받는다.

4. 임의제출에 의한 증거수집

가. 임의제출 상황

1) 임의제출 상황 시 유의사항

임의제출물에 대한 적법한 압수가 되려면 권한 있는 자가 임의제출해야 하고 그가 임의적, 자발적으로 제출(동의)해야 하며 동의한 범위 내에서 압수·수색이 이루어져야 한다.

또한, 소유자·소지자 또는 보관자가 아닌 자가 제출한 물건은 임의로 압수할 수 없고, 이에 위반하여 압수한 물건은 증거능력이 없다.

2) 상황별 임의제출 유형

소유자, 소지자 또는 보관자가 임의로 제출한 디지털 데이터를 수집하는 경우 영장 없이 압수할 수 있으며, 고유 식별 값 생성이나 참여권 확인 등 영장에 의한 강제수사 규정을 준용하여 압수하는 것이 원칙이다.

구체적인 유형으로 ① 대상자가 소지한 디지털(하드디스크, USB 메모리 등)에 대해 대상자 동의하에 임의제출 시 ② 피시방, 사무실, 기숙

사 등 공동으로 사용하는 디지털 매체에 대해 실소유주 동의하에 임의
제출 시 ③ 대상자가 산 물건에 대해 보관자 동의하에 임의제출 시 등
이 있다.

임의제출물 압수 사례

대상자가 소지한 USB 및 마이크로 SD 카드를 임의제출 받아 디지
털 포렌식 장비를 사용하여 복제하고 해시값을 보존한 저장 매체
증거물 사본이 원본과의 무결성과 동일성이 인정된 사례
대상자가 피시방에서 인터넷에 접속, 미상 작업을 한 동향을 포착하
여 피시방 업주로부터 대상자가 사용한 컴퓨터의 하드디스크를 임
의 제출받아 압수한 사례
국가보안법위반 혐의로 피의자 조사 시 피의자로부터 북한 서적 등
51권의 책자가 김포세관에 보관되어 있다는 진술을 받아낸 후 김포
세관으로부터 위 51권의 책자를 임의제출 받아 압수한 사례[대법원
1998.5.22. 선고 95도1152 판결]

증거능력 부정 사례

불법체포 및 수사 과정에서 임의제출 형식으로 압수한 압수물 및
그에 대한 압수 조서는 영장 없는 강제처분으로 보아야 할 것이므
로 적법절차 원칙에 어긋나 피고인들이 증거로 동의했더라도 증거
능력이 인정될 수 없다고 본 사례 [부림사건]

소유자, 소지자 또는 보관자가 아닌 자로부터 제출받은 물건을 영장
없이 압수한 경우 그 압수물 및 압수물을 찍은 사진은 이를 유죄 인
정의 증거로 사용할 수 없다고 본 사례[대법원 2010.1.28. 선고
2009도10092 판결]

수사기관이 피의자 甲의 범행을 영장 범죄사실로 하여 발부받은 압
수·수색영장의 집행 과정에서 乙, 丙 사이의 대화가 녹음된 녹음파
일을 압수하여 乙, 丙의 위반 혐의사실을 발견한 사안에서, 위 녹음

파일을 임의로 제출받거나 별도의 압수·수색영장을 발부받지 않고 녹음파일은 위법 수집증거로서 증거능력이 없다고 한 사례. [대법원 2014.1.16. 선고 2013도7101 판결]

나. 임의제출한 디지털 증거의 압수방법 제한

1) 문제의 소지

소유자, 소지자 또는 보관자가 임의로 제출한 물건은 영장 없이 압수할 수 있다. 임의제출물은 당사자 제출 의사의 임의성과 영장에 의하지 않았다는 점에 비추어 봤을 때 임의수사의 한 방편으로 볼 여지도 있다. 하지만 일단 임의제출한 물건은 자유롭게 환부 받지 못한다는 점에 있어서 영장에 의한 압수와 다를 바 없으므로 강제수사의 목적으로 보는 것이 타당하다.

따라서 임의제출물도 영장 없이 압수했다는 점만 차이 날 뿐 압수처분에 있어서 달리 취급될 이유가 없다고 본다. 임의제출된 디지털저장 매체의 경우 매체 자체를 압수한 상황에 해당하기 때문에 사실상 아무런 제한 없이 그 내용을 들여다볼 우려가 있다. 이는 사건과 관련성 있는 정보만을 출력·복제하여 제출받아야 한다는 디지털 증거 압수 원칙에도 위반될 뿐만 아니라 임의제출한 자, 즉 피압수자에 대하여도 권리침해 등 문제의 소지가 될 수 있다.

2) 임의제출자에 대한 피압수자 권리 고지 등

임의제출이 방법으로 디지털 증거를 압수하는 경우 디지털 증거 역시 형사소송법 제106조 제3항의 압수방법을 준용하여야 하며, 이러한 경우에도 피압수자의 권리를 알릴 필요가 있다. 즉 이러면 수사기관은 사건의 개요와 원칙적으로 사건의 관련성 있는 부분만 출력 복제의 방법으로 압수하되 예외적으로 매체를 압수할 수 있다는 점, 압수과정

에 참여권이 있다는 점 등 피압수자의 권리를 알리고 확인시켜주어야
한다.

3) 임의제출한 정보 저장 매체에 대한 압수방법 제한

임의제출한 정보 저장 매체에 대하여 압수방법의 제한이 필요하다
는 말은 수사기관이 임의로 제출받아 압수하는 디지털 증거에도 형사
소송법 제106조 제3항의 압수방법 적용이 필요하다는 의미이다.

하지만 대부분 디지털 증거를 압수하면서 임의제출 받는 경우 출
력·복제원칙을 준수하지 않을 가능성이 크다. 그러나 임의제출한 디지
털 증거를 압수해도 출력·복제의 원칙을 적용하여야 한다.

왜냐하면, 임의제출의 경우 영장에 의하지 않은 압수일 뿐 압수방
법에서는 형사소송법 제106조의 적용을 받기 때문이다. 다만 매체 자
체가 범죄의 도구일 때 등은 몰수의 대상물이어서 압수하지 않으면 압
수의 목적을 달성할 수 없는 등 특별한 경우에만 예외적으로 매체 자
체를 압수하여야 한다.

5. 증거분석

가. 디지털 증거분석관의 자격 요건

디지털 증거분석 결과의 신뢰성을 위해 증거분석 장비의 신뢰성과
함께 디지털 증거분석관은 고도의 전문성이 필요하다. 고도의 전문성
이란 증거분석관이 디지털 증거분석 기술을 보유하는지 뿐만 아니라
전문교육을 통해 분석 능력을 지속해서 유지하고 향상하고 있는가가
중요한 요소가 된다.

　　각 기관에서 규정한 디지털 증거분석관의 자격 요건을 보면, 경찰청에서는 '디지털 증거수집 및 처리 등에 관한 규칙' 제5조에 증거분석관의 자격 및 선발과 관련된 내용이 있다.

제5조(증거분석관의 자격 및 선발) 증거분석관은 다음 각호의 어느 하나에 해당하는 자 중에서 선발한다.

1. 경찰 교육기관의 디지털 포렌식 관련 전문교육을 수료한 자
2. 국가 또는 공공기관의 디지털 포렌식 관련 분야에서 3년 이상 근무한 자
3. 디지털 포렌식, 컴퓨터공학, 전자공학, 정보 보호 공학 등 관련 분야 대학원 과정을 이수하여 석사 이상의 학위를 소지한 자
4. 디지털 포렌식, 컴퓨터공학, 전자공학, 정보 보호 공학 등 관련 분야 학사학위를 소지하고, 해당 분야 전문교육 과정을 수료하거나 자격증을 소지한 자

나. 증거분석 준비

1) 증거분석 의뢰

　　수사관은 수사관이 속한 지방경찰청에 증거분석을 의뢰할 수 있다. 증거분석을 의뢰할 때는 압수물의 원본 또는 복제본을 보내야 하며, 의뢰받은 지방경찰청에서 증거분석이 어려운 경에는 경찰청에 증거분석을 재의뢰할 수 있다.

제14조(증거분석 의뢰) ① 수사관은 디지털 증거분석을 의뢰하는 경우 분석 의뢰물을 봉인하여야 한다. 이 경우 충격, 자기장, 습기 및 먼지 등에 의해 손상되지 않도록 안전하게 보관할 수 있는 용기에 담아 직접 운반하거나 등기우편 등 신뢰할 방법으로 보내야 한다.

> ② 제1항의 경우 수사관은 제12조에 따라 작성한 서류 사본 등 분
> 석 의뢰물과 관련된 서류 및 정보를 증거분석관에게 제공하여
> 야 한다.

증거분석을 의뢰하는 수사관은 의뢰자의 소속, 계급, 성명, 연락처, 사건 내용을 분석관에게 알려야 한다. 그리고, 증거분석 요청사항과 검색에 필요한 키워드 목록, 그 외 분석에 도움이 될 만한 여러 가지 사항을 분석관에게 전달하여야 한다.

2) 분석 의뢰(요청) 내용 확인

증거분석관은 분석을 의뢰받았을 때 수사관의 요청사항이 무엇인지 명확히 확인하여야 한다. 증거분석관이 사건에 관한 내용을 알고 있지 않은 경우, 수사목적 달성에 맞는 분석이 될 수 없으므로 수사관의 요청사항을 파악하여 수사목적에 맞는 맞춤형 분석이 이루어져야 하며, 수사관과의 대화를 통해 분석의 목적과 분석 시 주의해서 확인해야 할 자료가 무엇인지를 명확히 확인한다.

그리고, 수사관의 요구사항에 대해 분석으로 얻을 수 있는 자료와 얻을 수 없는 자료를 구분해서 설명함으로써 분석으로 할 수 있는 일고 수사로 해야 할 일을 구분하여 수사관에게 전달해야 한다.

3) 대상자, 사건 내용 및 압수물 확인

증거분석관은 분석의뢰내용 확인 뒤에 수사관에게서 대상자에 대한 정보를 확인해야 한다. 대상자에 대한 정보란 수사 과정에서 파악한 것으로 대상자의 직업, IT 숙련도, 대상자의 온라인과 오프라인에서의 활동 장소 등 증거분석 과정에서 도움이 되는 정보이다. 특히, 대상자의 IT 숙련도가 높다면 범죄와 관련된 파일을 안티 포렌식 (Anti-Forensic) 기법으로 숨기거나 삭제하는데 능숙할 수 있으므로 증

거분석 시 파일 숨김이나 삭제 프로그램을 사용하고 있는지를 먼저 분석하는 등 여러 가지 사항을 생각하여 분석을 진행해야 중요한 디지털 증거를 놓치지 않을 수 있다.

Chap. 3
증거분석

본 교재에서 증거분석을 설명하기 위해서 사용하는 Tool은 'EnCase', 'FTK' 등 종합 분석 도구가 아닌 'DFAS PRO'라는 Tool을 사용하여 설명하고자 한다. 최근 압수의 현장은 전체 이미징을 통한 분석 보다는 필요한 파일 하나씩 선별하여 압수하는 방식을 사용하고 있으므로 휴대가 간편하고 라이트한 형태의 'DFAS PRO'로 설명하고자 한다.

1. DFAS PRO 시작하기

가. 언어 및 타임존 설정

Tool이 지원하는 언어는 영어, 일본어이며, 해당 국가 환경에 맞게 타임존을 설정할 수 있다.

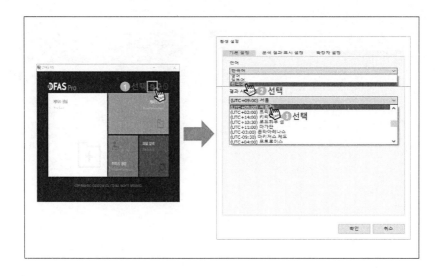

나. 분석 결과 표시 설정(해제 방법)

항목을 해제하면 분석 결과에서 해제한 항목의 내용은 보여주지 않는다.

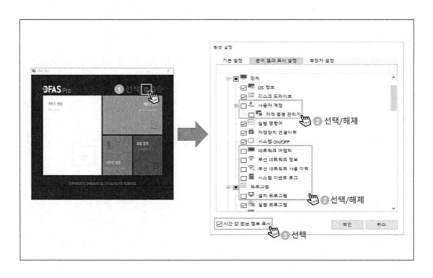

다. 확장자 추가

확장자 목록을 수정할 수 있는데 자주 쓰는 확장자가 목록에 없다면 '+' 버튼을 눌러 추가할 수 있다.

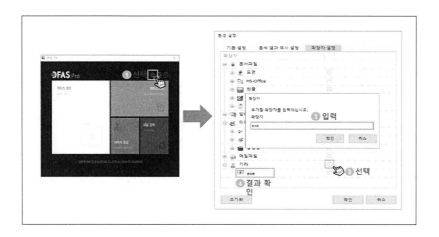

라. 메모리 캡처

저장된 raw 파일은 DFAS Pro 이외 Third Party 프로그램을 사용해 분석할 수 있다.

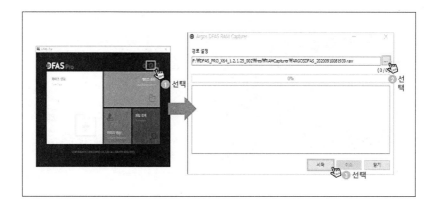

마. 버전 정보 확인

현재 사용 중인 DFAS Pro 버전을 확인할 수 있다.

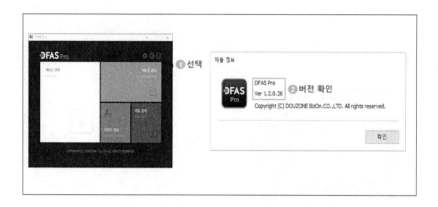

2. 케이스 생성

가. 케이스 생성(빠른 설정)

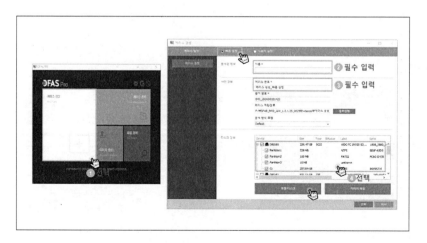

PC에 연결된 드라이브는 로컬 디스크를 선택하고, 분석할 이미지 파일은 이미지 파일 창을 선택한다.

나. 케이스 생성 공통(네트워크 드라이브)

만약, 네트워크 드라이브를 추가할 경우 해당 네트워크 드라이브에 대한 사용자명과 비밀번호를 입력해야 분석할 수 있다.

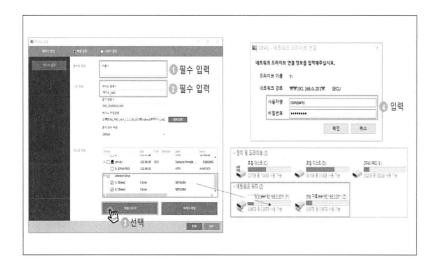

다. 케이스 생성 공통(BitLocker USB)

분석하고자 하는 USB 메모리가 BitLocker이 걸려 있으면 디스크 암호화 창이 열리는데 이때 리커버리 키가 아닌 비밀번호를 입력해야 한다.

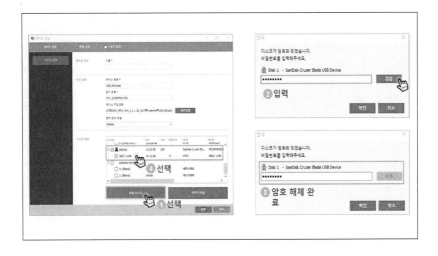

라. 케이스 생성(사용자 설정)

빠른 설정은 기본 설정되어 있는 상태로 진행된다.

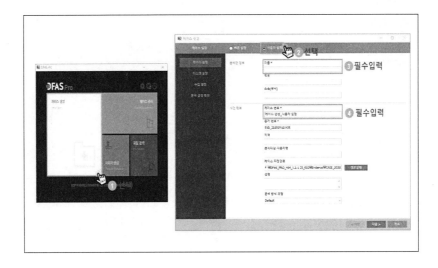

마. 케이스 생성(디스크 설정)

PC에 연결된 드라이브는 로컬 디스크를 선택하고 분석할 이미지 파일은 이미지 파일 창을 선택한다.

바. 케이스 생성(수집 설정)

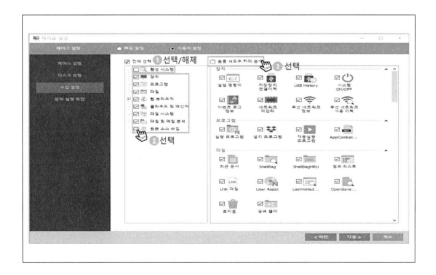

사용자 설정은 분석하고 싶은 항목만 선택하고 경우에 따라 볼륨
새도우 카피 분석할 사안이 있는데 이때 볼륨 새도우 카피 분석을 선
택하면 작업 진행 속도가 느려진다.

사. 케이스 생성(파일·메일 분석)

사용자 설정에서 파일과 메일 분석이 가능하지만, 이때 전체 파일
에서 선택한 부분을 분석하기 때문에 시간이 많이 걸린다.

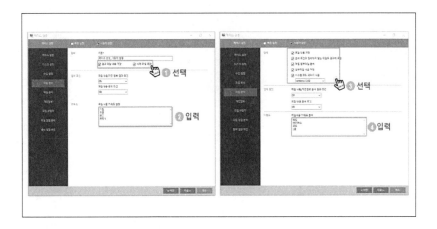

아. 케이스 생성(개인정보)

파일, 메일 분석에서 개인정보가 포함되어 있는 것을 지정하여 분
석할 수 있고, 기본 확장자 외 분류하고 싶은 확장자가 있다면 추가할
수 있다.

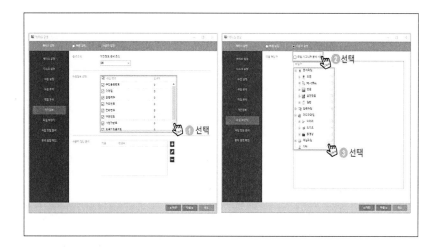

자. 케이스 생성(파일 정밀 분석)

실무에서는 파일 정밀 분석이 시간이 많이 걸리기 때문에 보통 분석이 완료된 후에 작업을 진행한다.

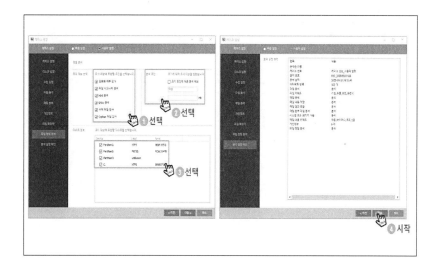

3. 케이스 관리

가. 케이스 관리(내보내기 1)

케이스 관리는 생성한 케이스를 저장하는 곳으로 수동 저장이 아닌 자동으로 저장된다.

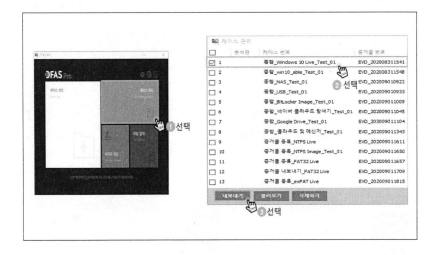

나. 케이스 관리(내보내기 2)

저장된 DFASPC 파일은 케이스 불러오기를 통해 분석 내용을 다시 확인할 수 있다.

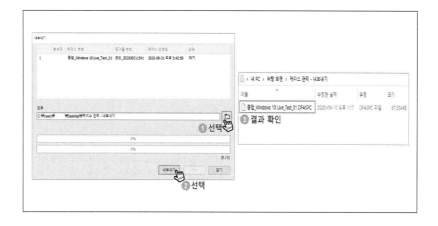

다. 케이스 관리(불러오기 1)

케이스 경로는 DFASPC 케이스가 저장된 곳으로 설정하고 케이스 저장 경로는 불러온 케이스를 저장할 경로로 설정한다.

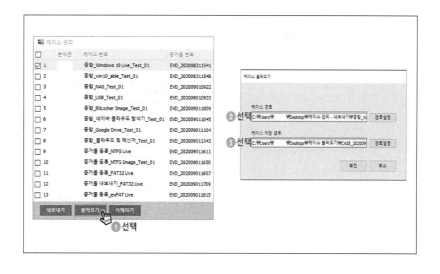

라. 케이스 관리(불러오기 2)

불러온 케이스는 케이스 관리에 저장된다.

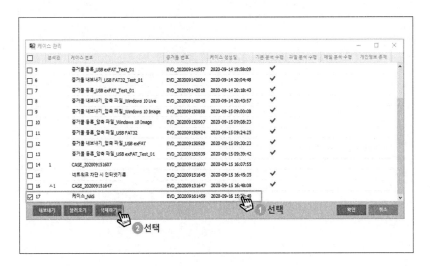

마. 케이스 관리(삭제하기)

케이스 관리에서 케이스를 삭제하면 저장 경로에도 케이스가 삭제된다.

4. 케이스 부가 기능

가. 이미지 생성

이미지 분할 크기를 작게 설정하면 이미지 파일의 개수가 많아지고 크게 설정하면 개수가 적어진다.

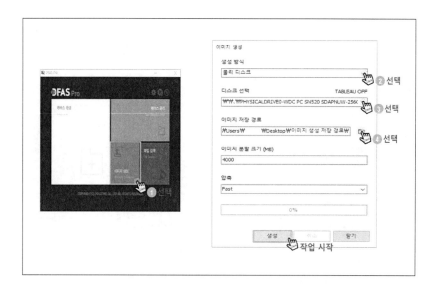

나. 파일 검색 1

디스크 전체에 대한 파일을 검색하는 기능으로 로컬 디스크와 이미지 파일, 네트워크 드라이브를 추가할 수 있다.

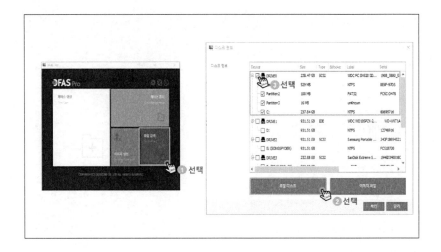

다. 파일 검색 2

파일 검색은 파일명과 확장자만 입력할 수 있고 중복 검색이 가능하다.

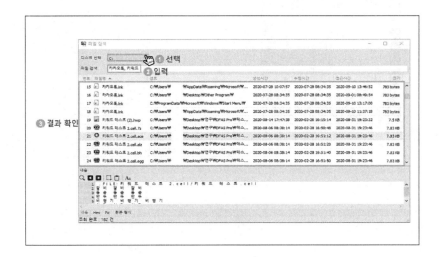

5. 파일 보기 기능

가. 파일 보기 형식(내용)

파일의 내용을 보여주는 것으로 주로 문서 파일에 많이 사용하고 있다.

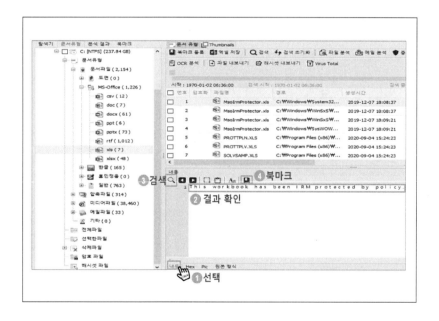

나. 파일 보기 형식(Hex)

파일에 대한 Hex값을 보여주는 것으로 파일의 시그니처 값을 통해서 확장자를 확인할 수 있다.

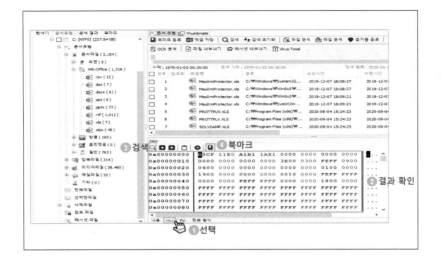

다. 파일 보기 형식(Pic)

이미지 파일에 많이 사용되는 형식이며 이미지 파일의 원본을 볼
수 있다.

라. 파일 보기 형식(원본 형식)

파일의 실제 원본을 보여주는 형식이며, 파일을 '내보내기'하여 확인하지 않아도 원본 형식을 이용하면 원본 내용을 확인할 수 있다.

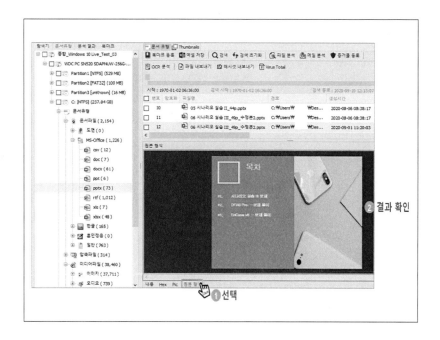

마. Thumbnails

섬네일은 이미지 유형에 대한 파일을 미리 보기 형식으로 보여주고 있다.

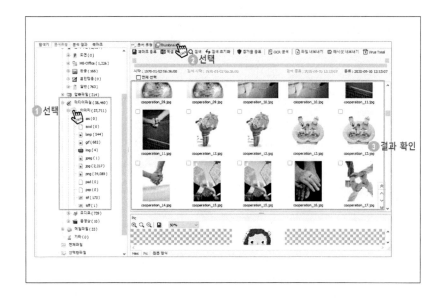

바. 타임바 설정

타임바를 조정해서 찾고 싶은 시간대의 범위를 확인할 수 있다.

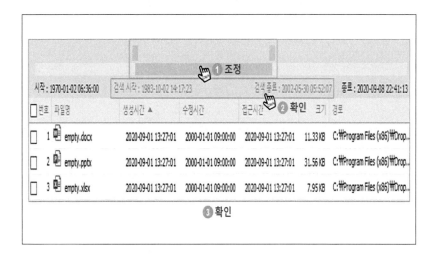

사. 화면 캡처

DFAS Pro 내부에 화면 캡처 기능이 있어서 단축키를 사용하면 손쉽게 캡처할 수 있다.

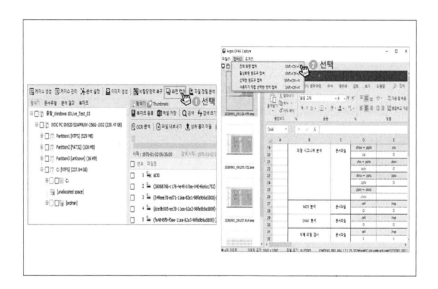

6. 파일 선택 기능

가. 홈플레이트 선택

왼쪽 홈플레이트는 선택한 폴더에 있는 파일을 보여주고, 오른쪽 홈플레이트는 폴더에 있는 파일을 전체 선택할 수 있다.

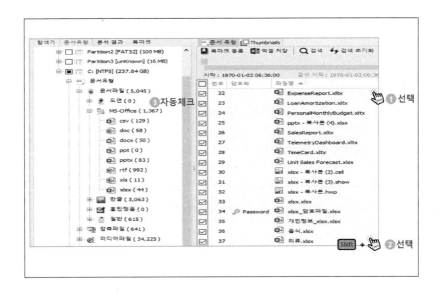

나. 연속된 파일 선택

체크박스를 하나 하나 체크하지 않고 Shift키를 함께 사용하면 필요한 부분 처음부터 끝까지 선택할 수 있다.

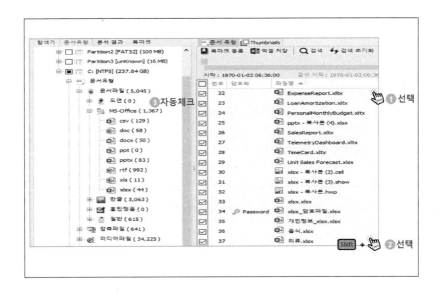

다. 각각의 파일 선택 방법

체크박스를 하나 하나 체크하지 않고 Ctrl을 함께 사용하면 띄어져 있는 파일을 개별 선택 할 수 있다.

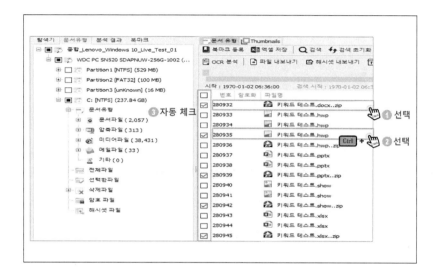

라. 필드값 복사

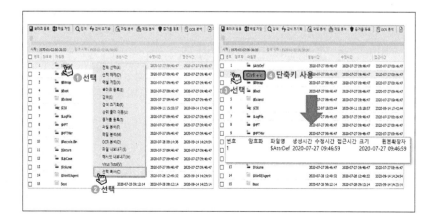

오른쪽 마우스 클릭으로 필드를 복사할 수 있고 단축키를 사용해서 간편하게 필드를 복사할 수 있다.

마. 상세 정보값 복사

오른쪽 마우스 클릭으로 필드를 복사할 수 있고 단축키를 사용해서 간편하게 필드를 복사할 수 있다.

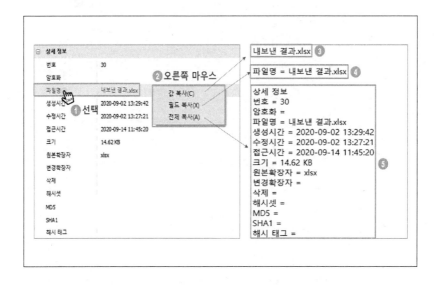

바. 항목 검색(탐색기, 문서유형)

파일명, MAC 타임, 확장자를 검색하여 쉽고 빠르게 찾을 수 있다.

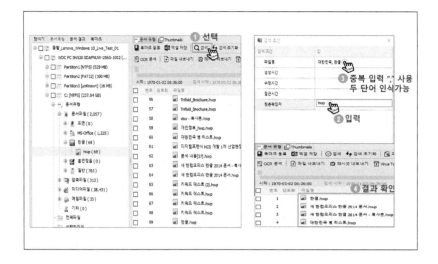

사. 항목검색(분석결과)

분석 결과 별로 검색 조건이 다르므로 유의해서 검색한다.

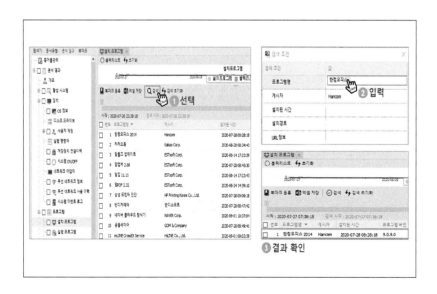

아. 분석설정

분석 설정은 미완료된 항목을 선택해서 분석해주는 것으로 미완료된 항목은 검은색 글씨로 표시된다.

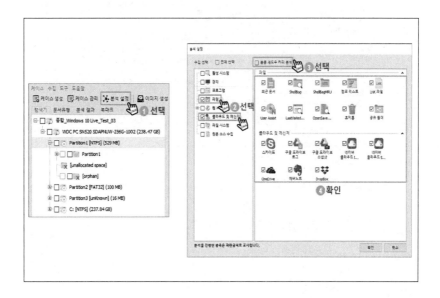

7. 파일 저장 기능

가. 엑셀저장(csv 확장자)

DFAS Pro에서 선택한 파일의 필드 전체를 엑셀로 저장하는 것으로 문서로 확인할 수 있다.

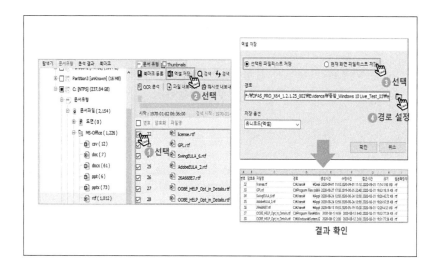

결과 확인

나. 파일 내보내기

파일 내보내기가 완료된 후 저장 경로에는 파일과 내보내기 한 파일의 리스트가 적혀 있는 '.csv' 파일이 저장된다.

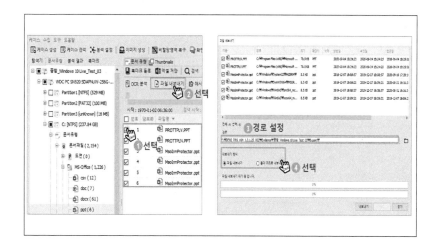

다. 일괄 내보내기

일괄 내보내기는 전체 분석 결과 항목을 파일로 저장할 수 있다는 장점이 있으며 분석되지 않은 항목도 선택하면 저장된다.

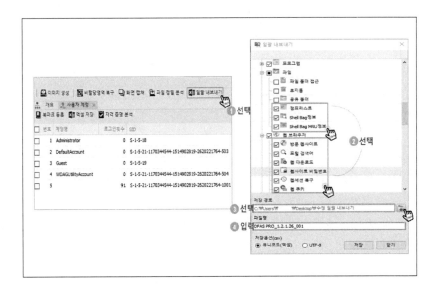

라. 증거물 등록(1)

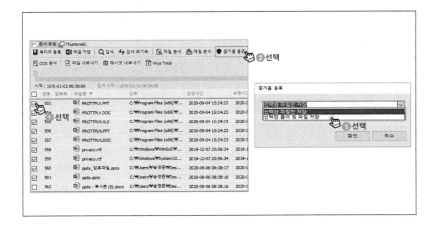

증거물로 등록된 파일은 파일의 시간값이 변하지 않고 저장되므로 법적 증거로 활용할 수 있다.

마. 증거물 등록(2)

증거물을 등록하게 되면 파일 구조와 폴더 구조로 나눠진다.

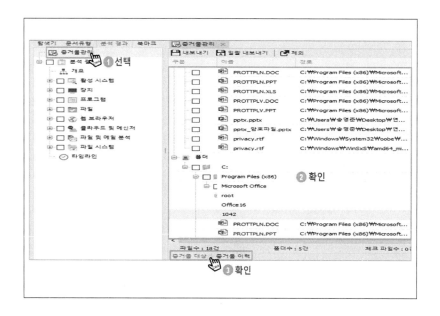

바. 증거물 내보내기

NTFS와 FAT32는 윈도 파일 시스템에 맞게 증거물을 내보내기 해야한다.

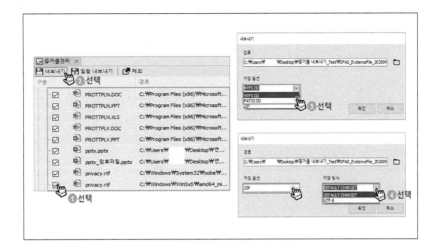

사. 증거물 이력

파일로 내보내기 하면 파일 수만 기록되고 폴더로 내보내기 하면 파일 수와 각 해당하는 폴더 수가 함께 기록된다.

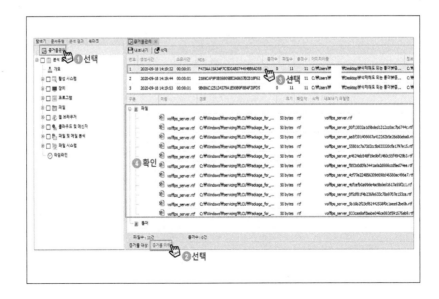

8. 파일 분석 기능

가. 파일 분석(1)

파일의 내용을 분석하는 것으로 키워드를 입력할 때는 한 줄에 하나의 키워드만 입력해야 한다.

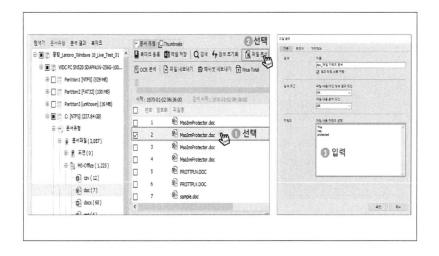

나. 파일 분석(2)

키워드 옆에 (숫자)로 표현된 것은 해당되는 파일의 개수를 의미한다.

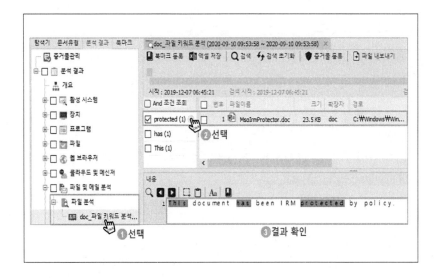

다. 메일 분석(1)

전체 검색 조건을 선택하면 메일의 내용 저장 및 메일 첨부파일에 대한 분석도 가능하다.

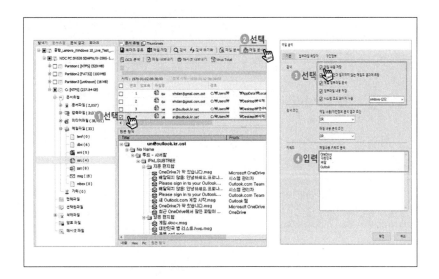

라. 메일 분석(2)

키워드 옆에 (숫자)로 표현된 것은 해당되는 메일의 개수를 의미
한다.

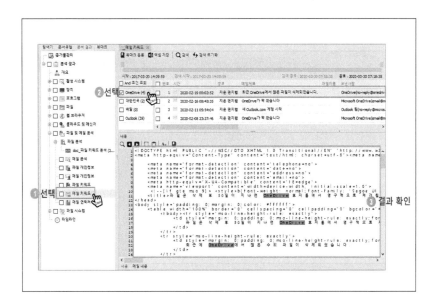

마. OCR 분석(1)

OCR 분석이란, 이미지 파일에 포함되어 있는 글자를 스캔해서 키
워드 분석을 할 수 있는 기능이다.

바. OCR 분석(2)

분석 결과 확인 시 내용 보기를 통해 키워드에 해당하는 결과를 하이라이트를 통해 볼 수 있다.

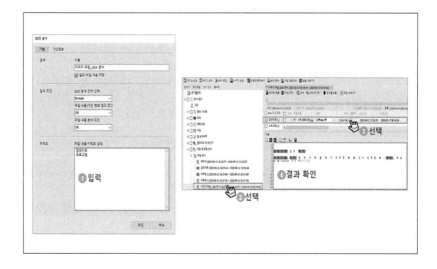

사. 해시셋 내보내기(1)

해시셋 내보내기는 파일의 해시값이 계산되어 있어야 분석이 가능하다.

아. 해시셋 내보내기(2)

해시셋 분석 시 확장자 '.hs'를 가진 파일이 있어야 분석이 가능하다.

자. 해시셋 분석(1)

해시셋 분석을 위해서는 기존에 만들었던 '.hs' 파일을 추가하고 확인할 MD5와 SHA1 해시값을 체크한다.

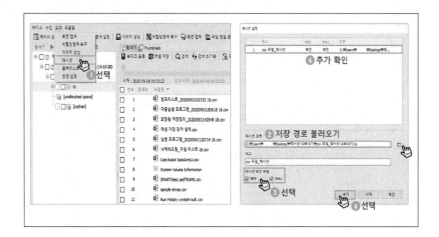

차. 해시셋 분석(2)

해시셋 필드에 '*'가 표시된 이유는 해시셋 파일에 있는 파일의 해시값과 분석한 파일의 해시값이 동일하다는 의미이다.

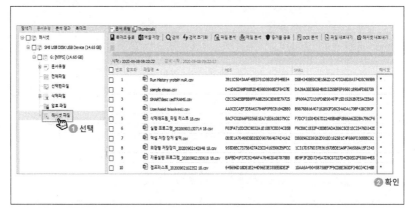

카. Virus Total

의심되는 실행 파일이 바이러스인지 여부를 검사할 수 있다.

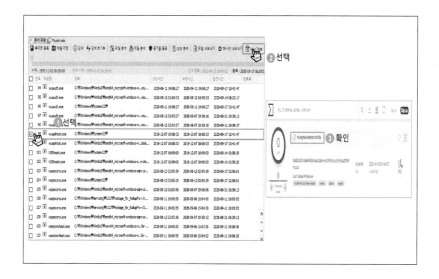

9. 북마크와 보고서 작성

가. 북마크 등록(탐색기&문서유형)

북마크에서는 상위 폴더와 하위 폴더를 추가할 수 있고 분석 내용을 입력해 보고서에도 추가할 수 있다.

나. 북마크 확인(탐색기&문서유형)

북마크를 추가한 이후에도 북마크 항목에서 폴더를 추가, 삭제할 수 있고 내용에 대해 엑셀 파일로 저장할 수 있다.

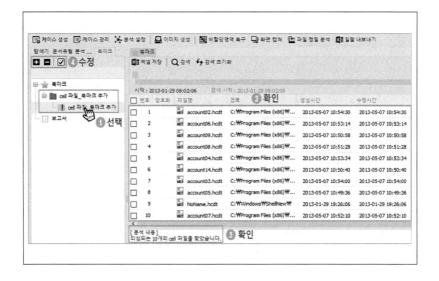

다. 북마크 등록(분석결과)

북마크에서는 상위 폴더와 하위 폴더를 추가할 수 있고 분석 내용을 입력해 보고서에도 추가할 수 있다.

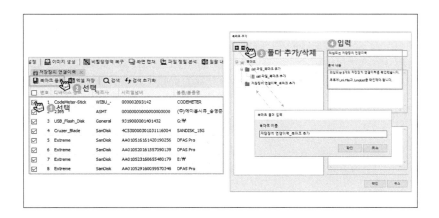

마. 북마크 확인(분석결과)

북마크를 추가한 이후에도 북마크 항목에서 폴더를 추가, 삭제할 수 있고 내용에 대해서 엑셀 파일로 저장할 수 있다.

마. 북마크 등록(내용)

파일의 내용 중 일부분을 드래그하여 북마크를 등록하면 북마크
항목에서 등록된 결과를 확인할 수 있다.

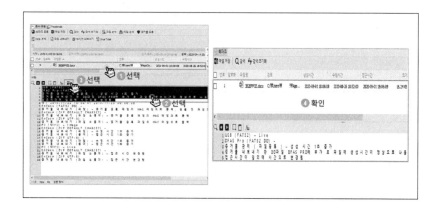

바. 북마크 등록(Hex)

파일의 Hex 값 중 일부분을 드래그하여 북마크로 등록하면 북마
크 항목에서 등록된 결과를 확인할 수 있다.

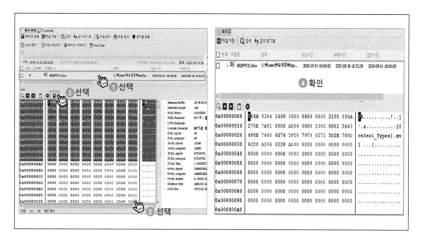

사. 북마크 등록(Pic)

이미지 파일의 Pic를 북마크에 등록하면 북마크 항목에서 등록된 결과를 확인할 수 있다.

아. 보고서 작성(1)

주요 수집 항목을 선택하면 그 내용이 보고서에 자동적으로 입력되어 저장된다.

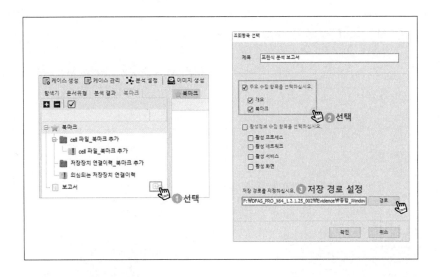

자. 보고서 작성(2)

저장된 보고서는 열람할 수 있으며 위와 같은 형태로 선택한 항목
이 자동적으로 입력되어진다.

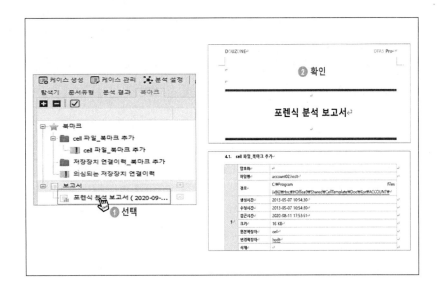

10. 심화 분석 기능

가. 볼륨 새도우 카피 분석

볼륨 새도우 카피란 시스템을 백업한 과거의 특정 시점으로 복원하는 기능으로 ShadowID에서 확인할 수 있다.

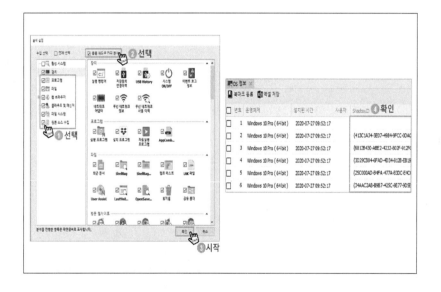

나. 파일 정밀 분석(1)

파일 정밀 분석은 시간이 많이 걸리는 작업이기 때문에 분석 완료후 추후에 하는 편이 좋다.

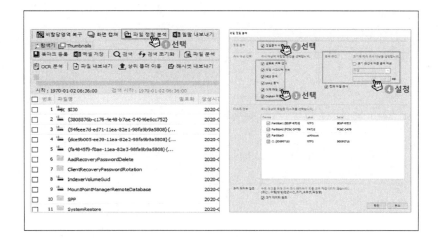

다. 파일 정밀 분석(2)

선택한 파일만 정밀분석을 수행할 경우에는 '전체 파일 조사'를 선택하지 않고 디스크를 선택 후 분석할 수 있다.

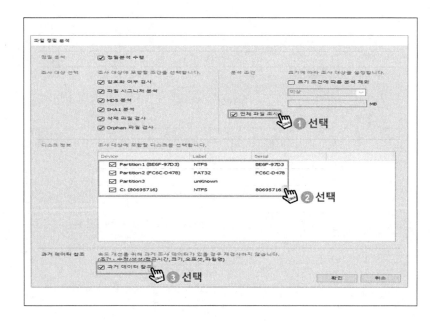

라. 비할당영역 복구

복구 파일 유형에는 압축 파일, 문서 파일, 미디어, 이메일 등을 지원하고 선택한 유형에 대해서 복구 작업을 할 수 있다.

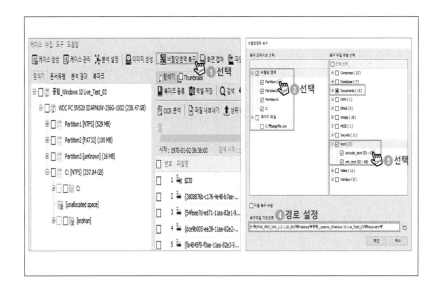

---

11. 분석 결과 기능

가. 타임라인(리스트)

타임라인 리스트는 분석 결과의 특정 시간을 보여주는 것으로 각 아티팩트 별로 이벤트 시간을 나타낸다.

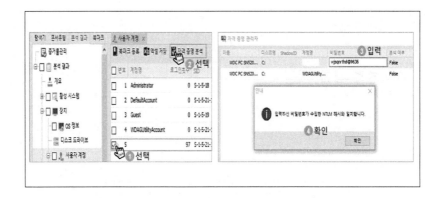

나. 자격증명 관리자(1)

자격 증명 관리자란 사용자가 저장한 사용자 이름 및 암호를 저장하는 안전한 저장 공간을 의미한다.

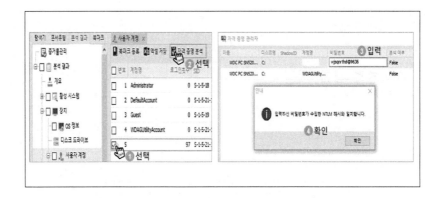

다. 자격증명 관리자(2)

Microsoft 계정, NAS 로그인 계정, Outlook 계정 등 윈도에서 사용하고 있는 계정의 자격 증명을 보여준다.

라. 시스템 이벤트 로그

이벤트 로그란 윈도에서 발생하는 하드웨어, 소프트웨어 및 시스템 문제에 대한 기록을 말한다.

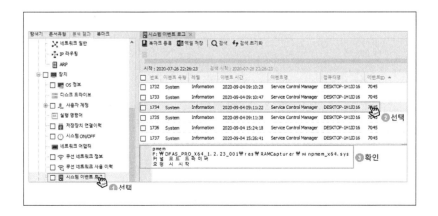

마. 블랙리스트

블랙리스트를 선택하면 사용자가 설정한 블랙리스트의 내용이 그 래프에 표시된다.

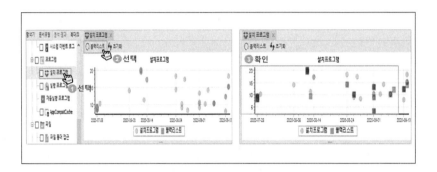

바. 그래프 선택 기능

파일 폴더 접근, 방문 웹사이트, 포털 검색어 분석 결과에서 그래 프의 기능을 지원한다.

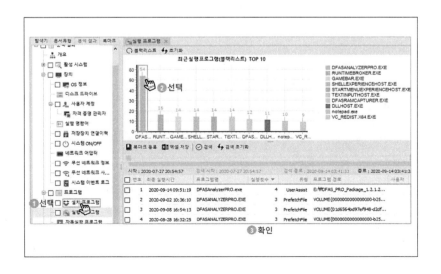

사. 파일 경로 확인

파일 존재 필드에 '·'표시가 없는 경우에는 선택한 파일의 원본 경로에 파일이 존재하지 않는 것을 의미한다.

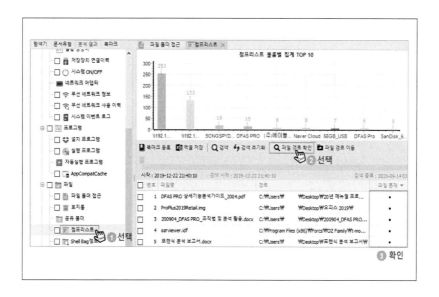

아. 파일 경로 이동

파일 존재 필드에 '·'표시가 된 결과만 파일 경로 이동을 통해 선택한 파일의 원본 경로로 이동할 수 있다.

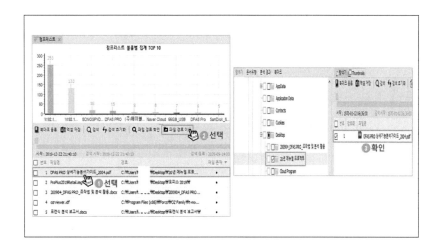

자. 웹에서 보기

'웹에서 보기'는 방문한 웹사이트 또는 포털에서 검색한 결과와 연결된 사이트를 실제 웹 브라우저를 통해 확인할 수 있다.

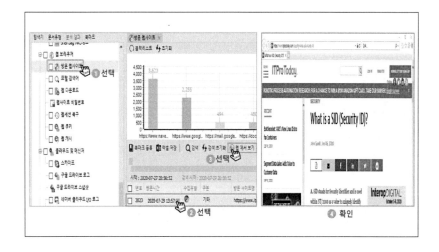

차. Go to Webpage

Go to Webpage를 통해 사용자가 접속한 웹 화면을 볼 수 있다.

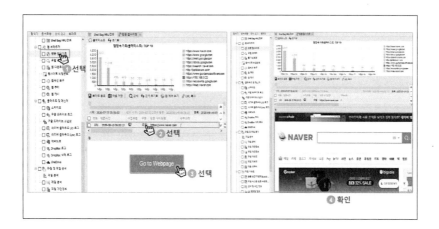

카. 타임라인(1)

연도와 날짜를 조정해서 시간대의 사용자 행위 내역을 볼 수 있고 드래그를 통해서 범위의 내역을 확인할 수 있다.

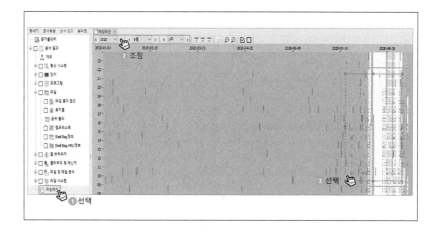

타. 타임라인(2)

시간대 별로 수집유형을 참고해서 사용자가 무슨 행위를 했는지 확인 가능하다.

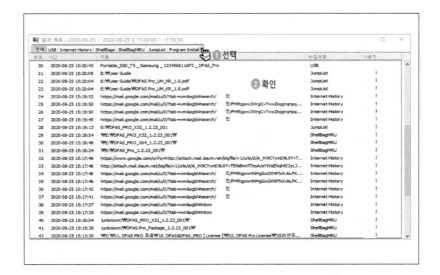

찾아보기

저자약력

김 용 호

학력

동아대학교 법학과
부경대학교 정보보호학 석·박사

경력

합천경찰서
부산지방경찰청 사이버범죄수사대
부산지방경찰청 보안사이버팀
경찰인재개발원 보안학과 교수

現 한국산업기술보호협회 산업보안관리사 출제위원
　　부산광역시 사전재난영향성 검토 위원
　　동서대학교 사회안전학부 교수
　　동서대학교 사이버경찰보안 전공 책임교수
　　동서대학교 인공지능 모바일 포렌식 센터장

디지털 포렌식 실무

초판 발행   2020년 10월 30일

지은이   김용호
펴낸이   안종만·안상준

편 집   우석진
기획/마케팅   정성혁
표지디자인   조아라
제 작   고철민·조영환

펴낸곳   (주)**박영시**
            서울특별시 금천구 가산디지털2로 53, 210호(가산동, 한라시그마밸리)
            등록 1959. 3. 11. 제300-1959-1호(倫)
전 화   02)733-6771
f a x   02)736-4818
e-mail   pys@pybook.co.kr
homepage   www.pybook.co.kr
ISBN   979-11-303-1091-6 93350

정 가   14,000원